# Gelesen! Verstanden?

Aufgaben zum Textverständnis
für das Erstlesealter

Samuel Zwingli

SCHUBI®

# Kopierrecht


CH-8207 Schaffhausen

service@schubi.com
www.schubi.com

5. Auflage 2011

ISBN 978-3-89891-198-6

**No 102 38**

# Vorwort

Lesen ist erst wirklich lesen, wenn aus den Buchstaben E-S-E-L in der Vorstellung der Kinder das graue Tier geworden ist, das den Nikolaus begleitet. Dabei gehen die Leseanfängerinnen und -anfänger beim Erlesen oft den Umweg über Eseel, Esseel oder Essel, bis sie schließlich beim Ziel anlangen. Und den Kindern ist jedesmal deutlich anzusehen, wenn sie ein Wort oder einen Satz verstanden haben. So lustig das Zusammenhängen von Silben zu sinnlosen Wortgebilden wie resa, mesa, hesa zwischendurch manchmal sein mag, lassen solche Übungen aber kein „Aha-Leuchten" in den Kinderaugen aufgehen und der eigentliche Sinn des Lesens wird nicht erlebt.

Die vorliegende Mappe bietet eine Auswahl von Arbeitsmöglichkeiten, bei denen die Kinder nur Erfolg haben, wenn sie verstehen, was sie gelesen haben. Für die Aufgaben auf den ersten Blättern müssen erst wenige Buchstaben bekannt sein. Welche Laute das sind, steht jeweils in der Titelleiste.

Die Arbeitsanweisung richtet sich an die Lehrerin oder den Lehrer und dient als Information für die Eltern, wenn die Kinder die Blätter als Hausaufgabe bearbeiten.

Es kann nicht erwartet werden, dass die Kinder alle vorkommenden Begriffe kennen. Bevor sie sich an die Arbeit machen, sind die Bilder zu benennen. Auch auf das Vorgehen beim Lösen der Aufgaben werden die Kinder vorbereitet.

Es ist selbstverständlich, dass jedes Arbeitsblatt vor dem Einsatz im Unterricht vom Lehrer oder der Lehrerin selbst durchgearbeitet wird.

Eventuelle Klippen sind dann bekannt, der Aufwand für die Kinder ist abschätzbar und als angenehmer Nebeneffekt entsteht eine Korrekturvorlage!

# Hinweise

**1** Die Arbeitsblattnummer hilft, die Übersicht zu behalten, vor allem wenn individualisierend gearbeitet wird.

Malen: Ein Bild ausmalen oder Felder einfärben

Schreiben: Wörter schreiben

Schneiden: Teile ausschneiden

Kleben: Teile aufkleben

ADF ei Alphabet: Diese Laute kommen auf dem Blatt vor (C ist jeweils nur erwähnt, wenn es als Einzellaut vorkommt).

Von Blatt 37 an wird die Kenntnis aller Buchstaben vorausgesetzt. Welche nicht vorkommen, ist der Übersicht auf den folgenden zwei Seiten zu entnehmen.

M**N**OR Alphabet: Der fett gedruckte Laut wird schwerpunktmäßig geübt.

Au, ie, tz und das Dehnungs-h werden – wie andere Dehnungen und Schärfungen – nicht speziell aufgeführt. Es wird vorausgesetzt, dass kurze Zeit nach der Einführung der dabei vorkommenden Buchstaben auch die erwähnten Kombinationen thematisiert werden.

# Übersicht über die Arbeitsblätter

| Nr. | Thema | Schwerpunkt | Schwierigkeitsgrad |
|---|---|---|---|
| 1 | Das passende Wort finden | | * |
| 2 | Das Wort ohne Sinn finden, Wort und Bild verbinden | | ** |
| 3 | Das richtige aus drei Wörtern herausfinden | E | ** |
| 4 | Wort und Bild zuordnen | D | * |
| 5 | Dinge im Bild nach Liste mit Nummern versehen | N | * |
| 6 | Wörterliste und Bild vergleichen | R | ** |
| 7 | Zum Bild den passenden Satz wählen (2 Blätter) | R | ** |
| 8 | Domino: Tiernamen zusammensetzen (2 Blätter) | D | *** |
| 9 | Bilder in vorgegebener Reihenfolge verbinden | | * |
| 10 | Wörter aus geschüttelten Buchstaben bilden | ei | ** |
| 11 | Den richtigen Anlaut finden, Wort und Bild zuordnen | U | * |
| 12 | Das letzte Wort eines Satzes finden und schreiben | | ** |
| 13 | Nach Angaben im Text Schneefiguren benennen | W | ** |
| 14 | Die richtige Antwort ankreuzen (multiple choice) | W | *** |
| 15 | Die passende Ergänzung zum Anlaut wählen | K | ** |
| 16 | Ein kurzes Wort innerhalb eines anderen Wortes finden | | *** |
| 17 | Zum Bild den passenden Satz wählen | K | ** |
| 18 | Suchrätsel: In einem Buchstabenfeld Namen von Esswaren suchen | B | *** |
| 19 | Das letzte Wort im Satz als Bild suchen | H | ** |
| 20 | Zu einem Wort das Reimwort (als Bild) suchen | | ** |
| 21 | Wortgebilde ohne Bedeutung erkennen, Wort und Bild verbinden | eu | * |
| 22 | Zu Sätzen das passende Bild suchen (2 Blätter) | Z | * |
| 23 | Das letzte Wort eines Satzes finden und schreiben | ch | ** |
| 24 | Ein Bild nach Angaben ausmalen | P | ** |
| 25 | Die richtige Antwort als Bild auswählen, das Wort schreiben | P | ** |
| 26 | Oberbegriffe: Drei passende Wörter aus einer Wortgruppe finden | G | *** |
| 27 | Überflüssige Wörter in Sätzen erkennen | sch | **** |
| 28 | Sinnvolle zusammengesetzte Nomen finden und trennen | sch | ** |
| 29 | Oberbegriffe erkennen und Bildteile entsprechend ausmalen | | ** |
| 30 | Das Wort finden und markieren, das nicht in die Gruppe passt | | ** |
| 31 | Wort und Bild zuordnen | sp st | * |
| 32 | Satz und Bild zuordnen | pf | * |
| 33 | Rätsel lösen und Lösung aufschreiben | pf | ** |
| 34 | Qu-Wörter suchen und unter das passende Bild schreiben | Q | ** |
| 35 | Wörter zu einem sinnvollen Satz verbinden | X | *** |
| 36 | Fremdwörter mit C lesen, dem Bild zuordnen, die Aussprache erkennen | C | ** |
| 37 | Aussagen mit einem Bild vergleichen | Präpositionen | *** |
| 38 | Fragen mit Ja oder Nein beantworten | | * |
| 39 | Aussagen mit einem Bild vergleichen | | ** |
| 40 | Das passende vierte Wort zu einem Oberbegriff finden (2 Blätter) | | *** |
| 41 | Eine Zeichnung nach Angaben ergänzen | | ** |
| 42 | Satzhälften zusammenfügen | | * |
| 43 | Kreuzworträtsel (allgemeiner Wortschatz) | | ** |
| 44 | Kammrätsel (Tiernamen) | | ** |

# Vorausgesetzte Buchstaben und Laute

| Nr. | Verwendete Buchstaben | Umlaute | Doppellaute | Nicht vorkommende Buchstaben |
|---|---|---|---|---|
| 1 | AILMOST | | | BCDEFGHJKNPQRUVWXYZÄÖÜ |
| 2 | AFILMOST | | | BCDEGHJKNPQRUVWXYZÄÖÜ |
| 3 | AEFILMOST | | | BCDGHJKNPQRUVWXYZÄÖÜ |
| 4 | ADEFILMNOR | | | BCGHJKPQSTUVWXYZÄÖÜ |
| 5 | AEFILMNOST | | | BCDGHJKPRQUVWXYZÄÖÜ |
| 6 | AEFILMNORST | | | BCDGHJKPQUVWXYZÄÖÜ |
| 7 | AEFILMNORST | | | BCDGHJKPQUVWXYZÄÖÜ |
| 8 | ADEFILMNORST | | ei | BCGHJKPQUVWXYZÄÖÜ |
| 9 | ADEFILMNORST | | | BCGHJKPQUVWXYZÄÖÜ |
| 10 | AEFILMNORST | | ei | BCDGHJKPQUVWXYZÄÖÜ |
| 11 | ADEFILMNORSTU | | | BCGHJKPQVWXYZÄÖÜ |
| 12 | AEFILMNORSTU | | ei | BCDGHJKPQVWXYZÄÖÜ |
| 13 | ADEFILMNORSTUW | | ei | BCGHJKPQVXYZÄÖÜ |
| 14 | ADEFILMNORSTUW | | ei | BCGHJKPQVXYZÄÖÜ |
| 15 | ADEFIKLMNORSTUW | | ei | BCGHJPQVXYZÄÖÜ |
| 16 | ADEFIKLMNORSTUW | | ei | BCGHJPQVXYZÄÖÜ |
| 17 | ABDEFIKLMNORSTUWZ | | ei | CGHJPQVXYÄÖÜ |
| 18 | ABDEFIKLMNORSTUW | | ck ei äu | CGHJPQVXYZÄÖÜ |
| 19 | ABDEFHIKLMNORSTUW | | ck ei | CGJPQVXYZÄÖÜ |
| 20 | ABDEFGHIKLMNORSTUW | | ck | CJPQVXYZÄÖÜ |
| 21 | ABDEFHIKLMNORSTUWZ | | eu | CGJPQVXYÄÖÜ |
| 22 | ABDEFHIKLMNORSTUWZ | | ck ei | CGJPQVXYÄÖÜ |
| 23 | ABDEFHIKLMNORSTUW | ÄÖÜ | ch ck ei | CGJPQVXYZ |
| 24 | ABDEFGHIKLMNOPRSTUW | ÄÜ | ch ck ei | CJQVXYZÖ |
| 25 | ABDEFHIKLMNOPRSTUWZ | ÄÖÜ | ch ck ei eu | CGJQVXY |
| 26 | ABDEFGHIKLMNOPRSTUWZ | ÖÜ | ch ck ei pf | CJQVXYÄ |
| 27 | ABDDEFGHIKLMNOPRSTUW | ÄÖÜ | ch ei eu sch | CJQVXYZ |
| 28 | ABDEFGHIKLMNORSTUWZ | ÄÖÜ | ch ck ei sch | CJQVXY |
| 29 | ABDEFGHIKLMNOPRSTUVWZ | ÄÜ | äu ei ch ck pf | CJQXYÖ |
| 30 | ABDEFGHIKLMNOPRSTUVWZ | ÄÖÜ | ei ch ck sch | CJQXY |
| 31 | ABDEFGHIKLMNOPRSTUWZ | | ch ck ei sch sp st | CJQVXYÄÖÜ |
| 32 | ABDEFGHIKLMNOPRSTUVWZ | ÄÖÜ | ch ei eu pf sch st | CJQXY |
| 33 | ABDEFGHIKLMNOPRSTUVWZ | ÄÖÜ | ch ck ei eu pf sch st | CJQXY |
| 34 | ABDEFGHIJKLMNOPQRSTUVWZ | ÄÖÜ | ch ei sch sp st | CQXY |
| 35 | ABDEFGHIKLMNORSTUWXZ | | ei | CJPQVYÄÖÜ |
| 36 | ABCDEGHILMNOPRSTUWY | | ch ck sch sp | FJKQVXÄÖÜ |
| 37 | ABDEFGHIKLMNOPRSTUVWXYZ | ÄÜ | ch ck ei pf sch st | CJQXYÖ |
| 38 | ABDEFGHIJKLMNOPRSTUWZ | ÄÖÜ | äu ch ei pf | CQVXY |
| 39 | ABDEFGHIKLMNOPRSTUVWXZ | Ä | ch ck ei sch st | CJQYÖÜ |
| 40 | ABDEFGHIJKLMNOPRSTUVWZ | ÄÖÜ | ch ck ei sch sp st | CQXY |
| 41 | ABDEFGHIKLMNOPRSTUVWZ | ÄÖÜ | ch ck ei sch st | CJQXY |
| 42 | ABDEFGHIKLMNOPRSTUVWZ | Ü | ch ck ei sch st | CJQXYÄÖ |
| 43 | ABDEFGHIKLMNOPRSTUVWZ | ÄÖÜ | ch ei eu sch sp st | CJQXY |
| 44 | ABDEFGHIJKLMNOPQRSTUVWZ | ÄÖÜ | äu ch ck ei eu sch sp st | CXY |

# Einsatzmöglichkeiten

## Üben und Festigen

Ein Buchstabe oder Laut ist neu eingeführt worden. Das entsprechende Arbeitsblatt dient als Vertiefung und zusätzliche Übung.

## Zusatzarbeit

Kinder arbeiten in unterschiedlichem Tempo. Flinke Schülerinnen und Schüler lösen als Zusatzarbeit eines der Arbeitsblätter.

## Trainingsheft

Alle Arbeitsblätter werden kopiert und zu Trainingsheften gebunden. Die Kinder bearbeiten das Heft im eigenen Arbeitsrhythmus.

## Hausaufgabe

Wenn eine Aufgabe gut erklärt und ein Beispiel gemeinsam an der Wandtafel gelöst wurde, können die meisten Vorlagen auch als Hausaufgabe eingesetzt werden. Dabei ist darauf zu achten, insbesondere bei einem hohen Anteil an fremdsprachigen Kindern, dass die Kinder mit dem Wortschatz vertraut sind.

## Ideensammlung

Manchmal passt ein Arbeitsblatt nicht zum aktuellen Unterrichtsthema oder entspricht in Bezug auf die verwendeten Buchstaben nicht dem Stand der Klasse.

Die Mappe bietet eine Fülle von Anregungen, wie eigene Arbeitsblätter gestaltet werden können. Wer nicht selbst zeichnen will, findet passende Abbildungen in Schnipselbilderbüchern, im Internet oder in einer der zahlreichen Bildersammlungen auf CD, wie sie im Fachhandel angeboten werden (z. B. SCHUBI PicCollection, Bestell-Nr. 403 01).

# Lesespiele – selbst hergestellt

Die Blätter dieser Mappe können auf ganz verschiedene Art eingesetzt werden. Sie sind aber nur ein Mosaikstein auf dem Weg zum Lesen. Auch das Erzählen, die Gewöhnung an die hochdeutsche Sprache (dies vor allem im süddeutschen Raum, in der Schweiz und Teilen Österreichs), das Schreiben, Vorlesen, Handeln und vieles mehr tragen zum Erfolg bei. Einen wesentlichen Anteil soll auch das Spielen haben. Zwar sind viele ausgezeichnete Spiele im Fachhandel erhältlich. Oft setzen sie jedoch bereits die Kenntnis des ganzen Alphabets voraus. Deshalb wird die Lehrerin oder der Lehrer nicht darum herumkommen, selbst passende Spiele herzustellen.

Hier eine Auswahl von Spielen, aus denen im Laufe der Zeit eine abwechslungreiche Spielesammlung entstehen kann:

## Memo

Bei allen Lesememorys kann bzw. soll zunächst mit offen hingelegten Karten gespielt werden.

**A) Anlaut-Memo**

Aus einer Sammlung von rund 24 Bildkarten müssen die beiden mit dem gleichen Anlaut herausgefunden werden.

Vorschlag für Wortpaare:

| | | | |
|---|---|---|---|
| Anker | Affe | Baum | Banane |
| Dorf | Domino | Esel | Elefant |
| Fisch | Feder | Giraffe | Glas |
| Hund | Hase | Igel | Indianer |
| Jaguar | Jäger | Kamel | Koffer |
| Löffel | Lampe | Messer | Maus |
| Palme | Pack | Rad | Rose |
| Sonne | Säge | Schiff | Schirm |
| Turm | Tanne | Uhr | Uhu |
| Wolke | Wald | Zange | Zebra |

Zu Beginn sollte darauf verzichtet werden, im gleichen Spiel D und T oder B und P zu verwenden.

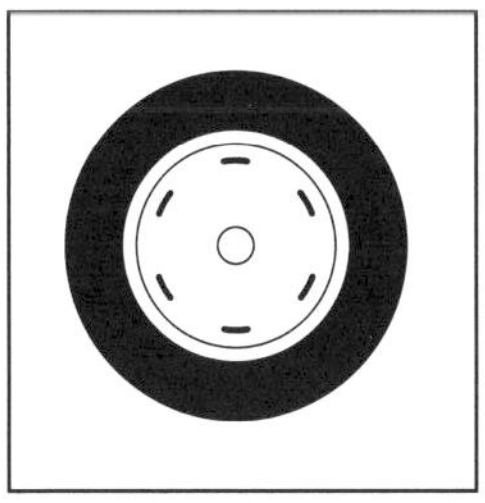

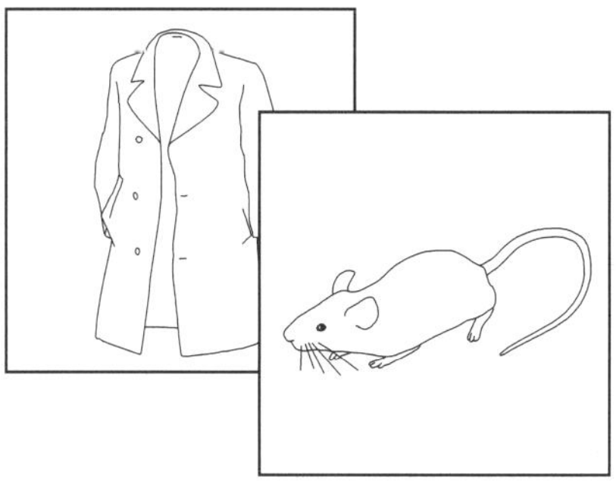

**B) Bild-Anlaut-Memo**

Bilder werden den dazu passenden, bereits eingeführten Anlauten zugeordnet.

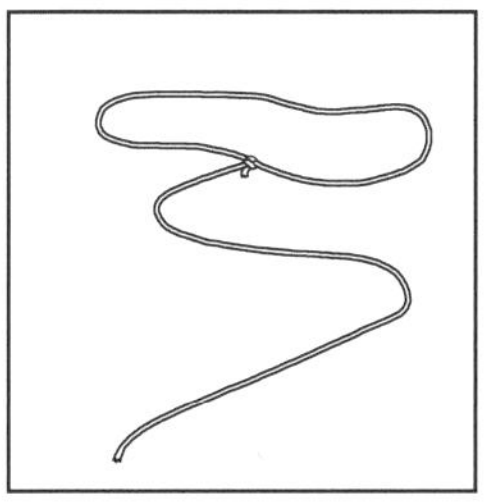

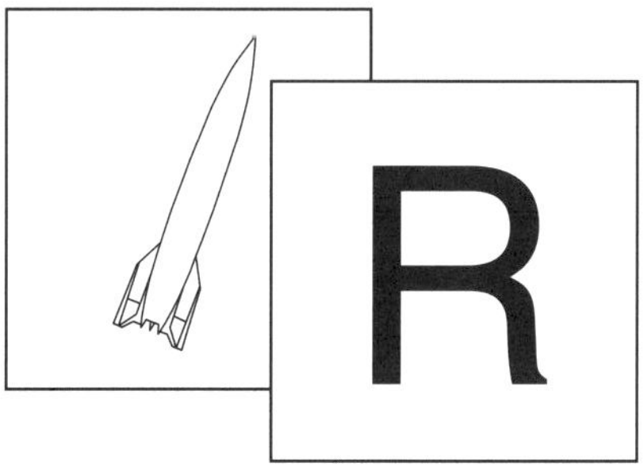

**C) Bild-Wort-Memo** Die Kartenpaare bestehen aus Bildern und den dazu passenden Wörtern, die mit den bereits bekannten Buchstaben gebildet werden können.

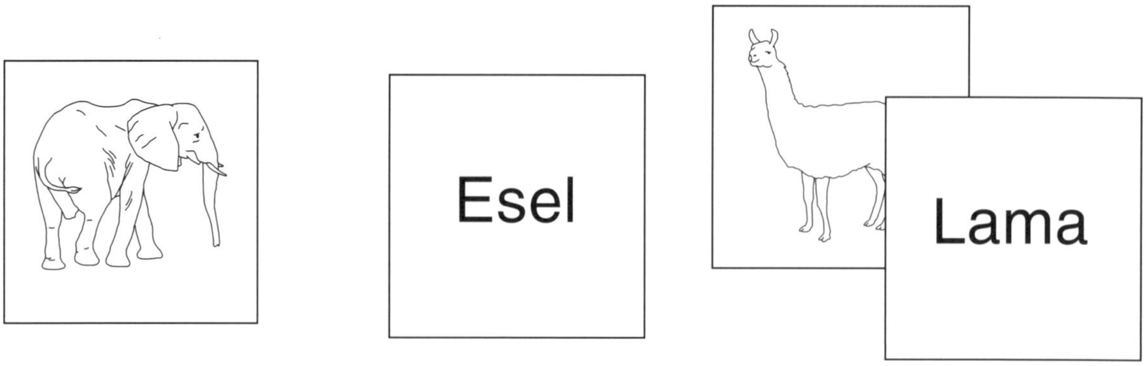


## Domino

Lesedominos können mit den gleichen Bildern, Anlauten oder Wörtern gebildet werden wie die Memorys. Zwei quadratische Karten zusammen ergeben eine rechteckige Dominokarte. Beim Herstellen ist darauf zu achten, dass die letzte Karte mit der ersten korrespondiert.

**Reimwort-Domino** Anstelle des entsprechenden Wortes sollen den Bildern passende Reimwörter zugeordnet werden.

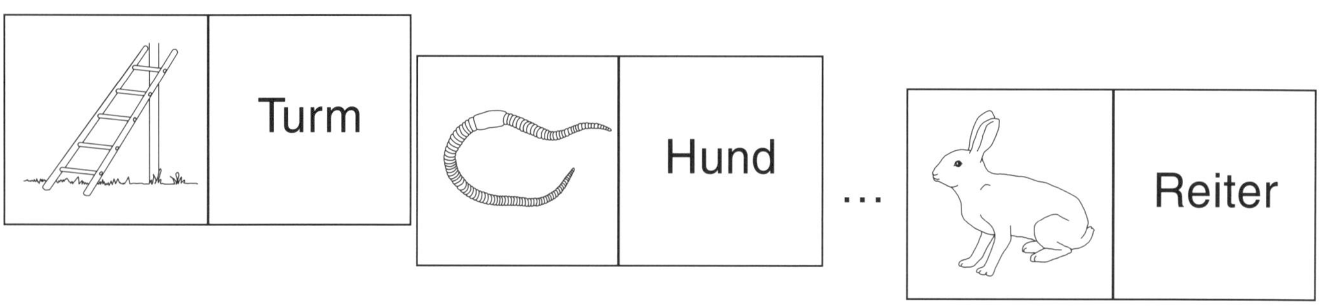

# Drehspiele

## A) Wörter-Drehscheibe

Wörter-Drehscheiben funktionieren nach dem System der Parkscheiben: Auf der Vorderseite ist ein Wort zu lesen, auf der Rückseite kann es mit dem passenden Bild kontrolliert werden.

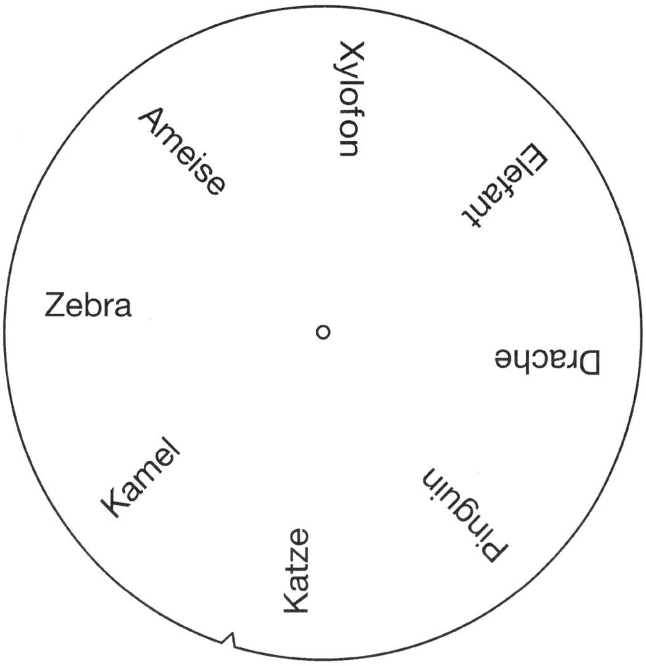


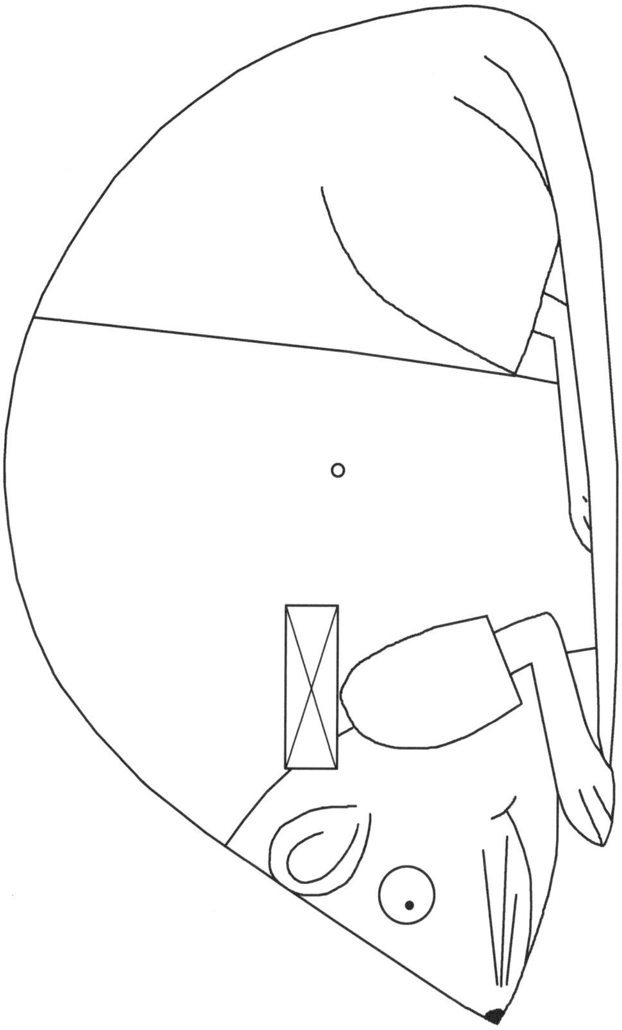

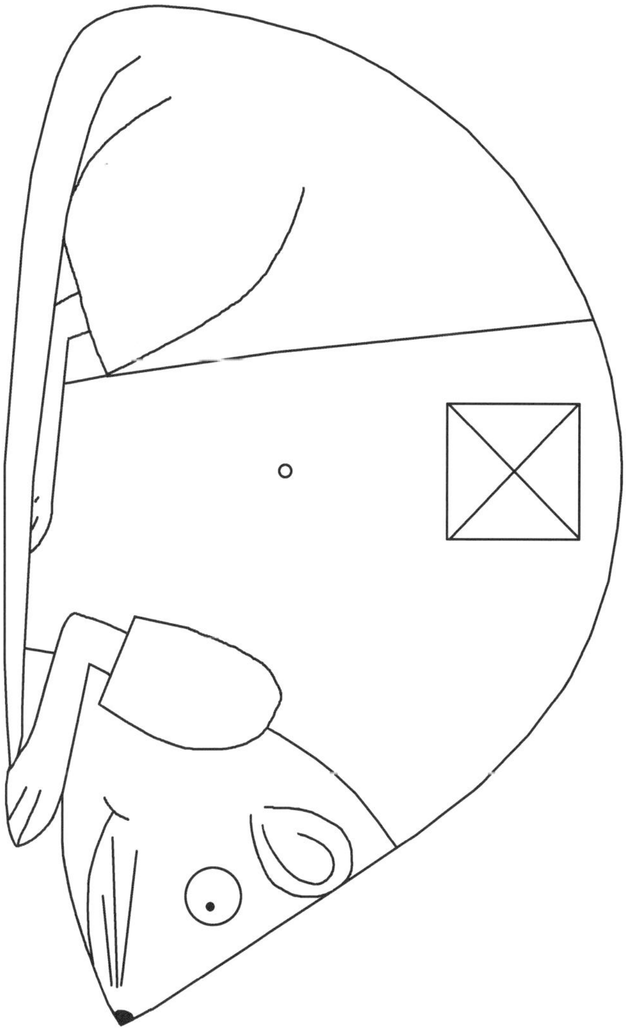

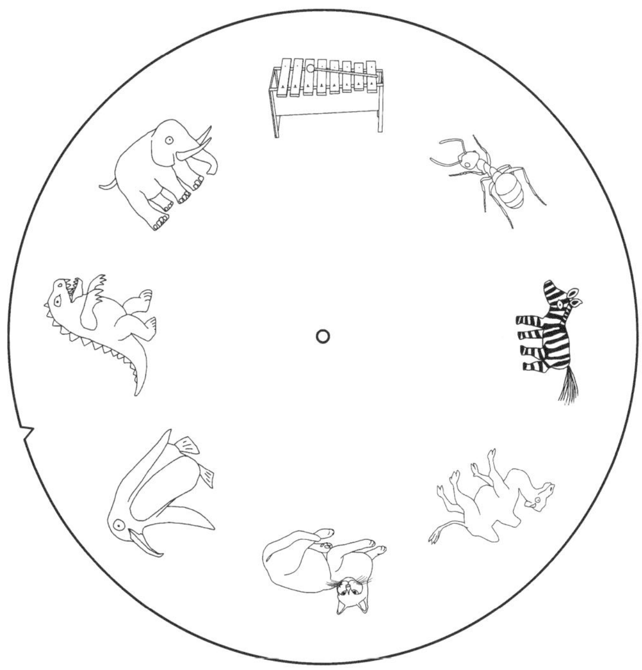

**B) Anlaut-Drehspiel**

Auf einen Kartonstreifen befestigt man mit einer Musterklemme einen Kartonkreis.

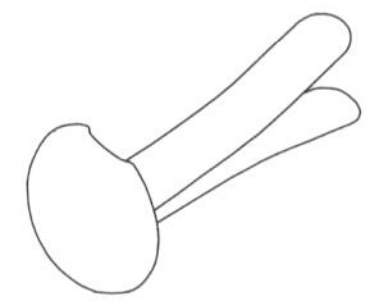

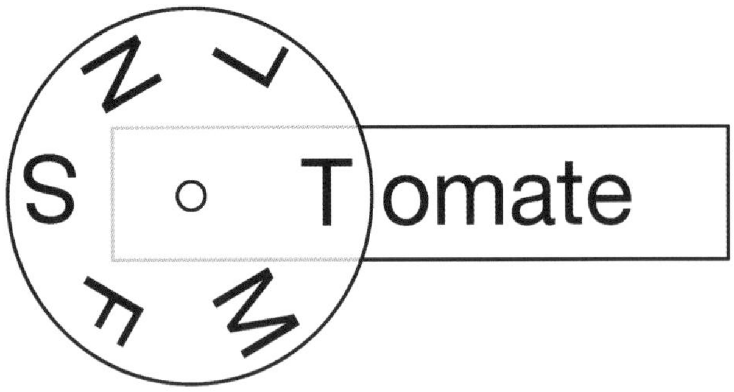


Der drehbare Kreis wird mit Anfangsbuchstaben, der Streifen mit dem Rest eines Wortes beschriftet. Durch Drehen sucht das Kind ein richtiges Wort zu kombinieren.

## Legespiele

### A) Lückenstreifen

Auf Papierstreifen stehen kurze Sätze mit einem leeren Feld statt des letzten Wortes. Aus einer Auswahl von Bildern (später auch Wörtern) suchen sich die Kinder ein passendes heraus.

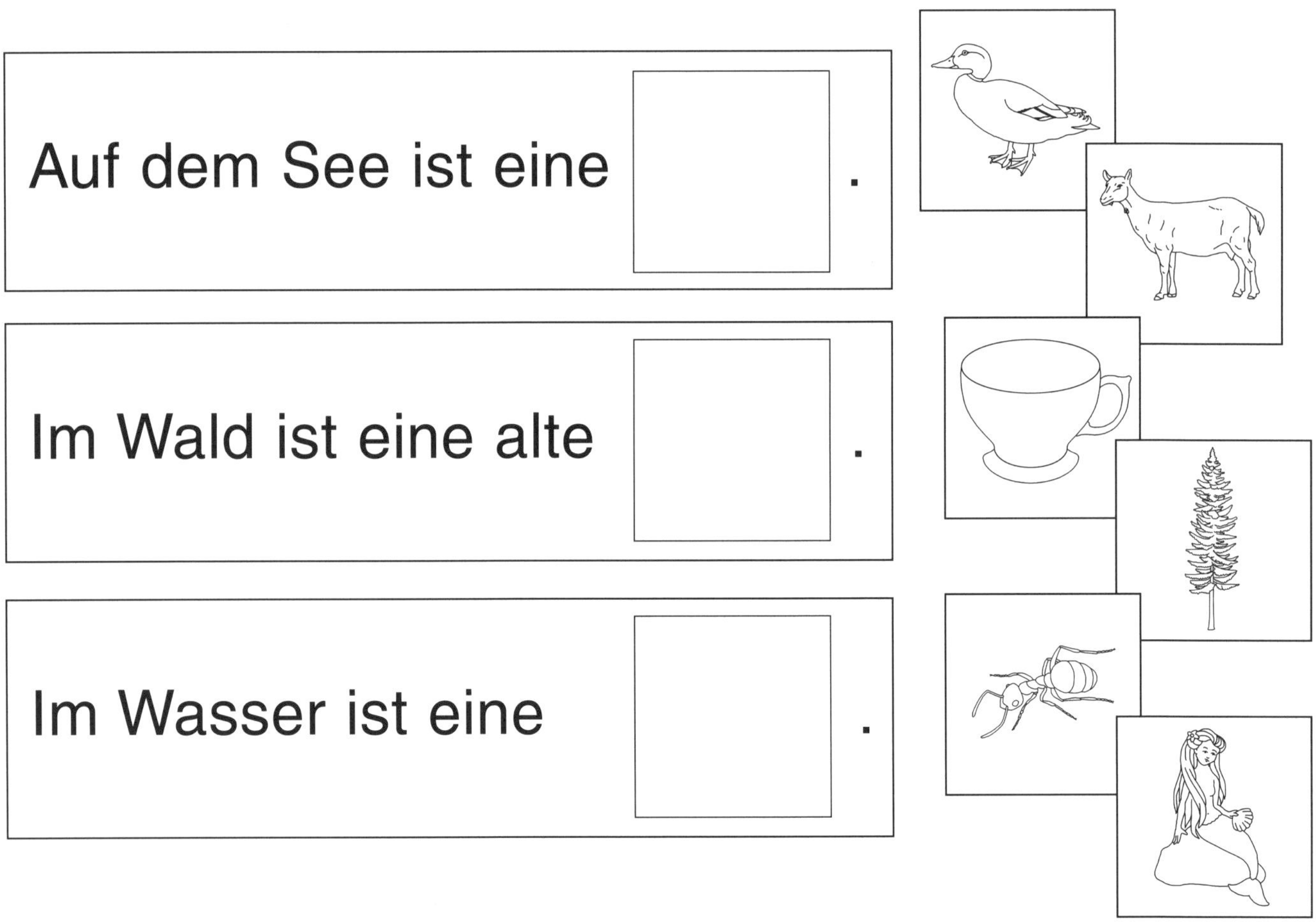

**B) Bild-Wort-Lotto** Auf einer Grundtafel werden 12 Bilder aufgeklebt. Die Kinder suchen aus einer Anzahl Wortkarten die passenden heraus und platzieren sie auf den Abbildungen. Das gleich Bild kann auf mehreren Tafeln vorkommen, wenn die Wörter in entsprechender Anzahl vorhanden sind.

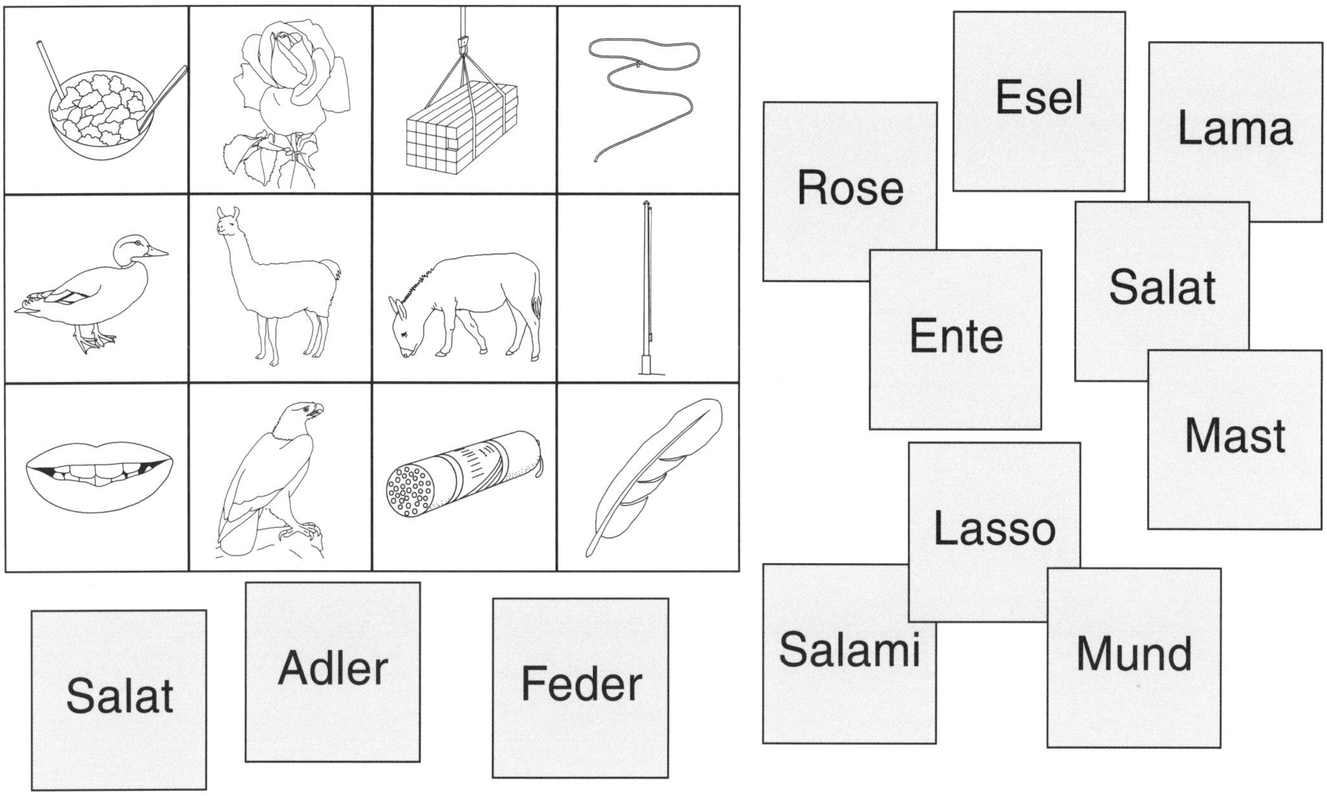


Die Aufgabe ist einfacher, wenn auf der Tafel die Wörter stehen und die entsprechenden Bilder zugeordnet werden müssen.

## Auftragskarten

**A) Tierstimmenspiel** Auf großen Karten stehen Namen von Tieren. Ein Kind wählt eine Karte aus (oder deckt eine Karte auf) und hält sie hoch. Auf ein Zeichen imitieren die Kinder die Stimme des gezeigten Tieres (bellen, miauen, grunzen ...).

**B) Befehlsspiel** Auf Karten stehen einfache, auch auf Distanz lesbare Anweisungen an die ganze Klasse:

| | | |
|---|---|---|
| Ruft laut Hallo. | Hebt die Hände hoch. | Legt euch auf den Boden. |

Die Kinder halten abwechselnd Karten hoch, die andern führen die Befehle aus.

**C) Suchlauf**

Auf Karten stehen Anweisungen, wohin sich Kinder in kleinen Gruppen begeben sollen. Am Zielort ist die nächste Anweisung befestigt. Der Circuit findet auf dem Schulareal statt. Die Startkarten der Gruppen geben verschiedene Ausgangspunkte an, damit sich die Kinder möglichst wenig in die Quere kommen.

Die Anweisungen könnten etwa so lauten:

Lauft zum Brunnen.
Hüpft auf einem Bein zur Treppe.
Rennt zum Tor.
Geht rückwärts zur Wippe.
Schleicht ins Klassenzimmer.

## Kartenspiele

**A) Grüne Liesel**

25 Blankospielkarten werden mit wasserfesten Filzstiften beschriftet bzw. bemalt. Je eine Bild- und eine Wortkarte bilden ein Paar. Auf die 25. Karte wird die grüne Liesel (eine Fantasiefigur) gezeichnet.

Gespielt wird wie bei „Schwarzer Peter": Es geht darum, Kartenpaare zu finden. Und natürlich verhindert jedes Kind, dass es die grüne Liesel wird.

Gewonnen hat, wer zuerst keine Karten mehr besitzt.
Wer am Ende im Besitz der grünen Liesel ist, hat verloren und bekommt einen grünen Kreidepunkt auf die Nase.

Mögliche Nomen mit den Lauten M, O, T, I, L, A, S, F, E, N:
Affe, Antenne, Ast, Elefant, Esel, Fass, Film, Lama, Lamm, Lasso, Last, Lift, Lotto, Mama, Mann, Mantel, Mast, Mist, Most, Nase, Nest, Note, Ofen, Salami, Salat, Salto, Senf, Sofa, Sonne, Tafel, Tal, Tanne, Tasse, Tomate.

**B) Kamingo**

Das Spiel wird analog hergestellt wie die „Grüne Liesel". Es werden mehrsilbige Tiernamen auf jeweils zwei Karten verteilt notiert.

Ziel ist es, die richtigen Namen legen zu können. Als Verliererkarte kann eine Karte mit einem einsilbigen Tiernamen beschriftet werden.

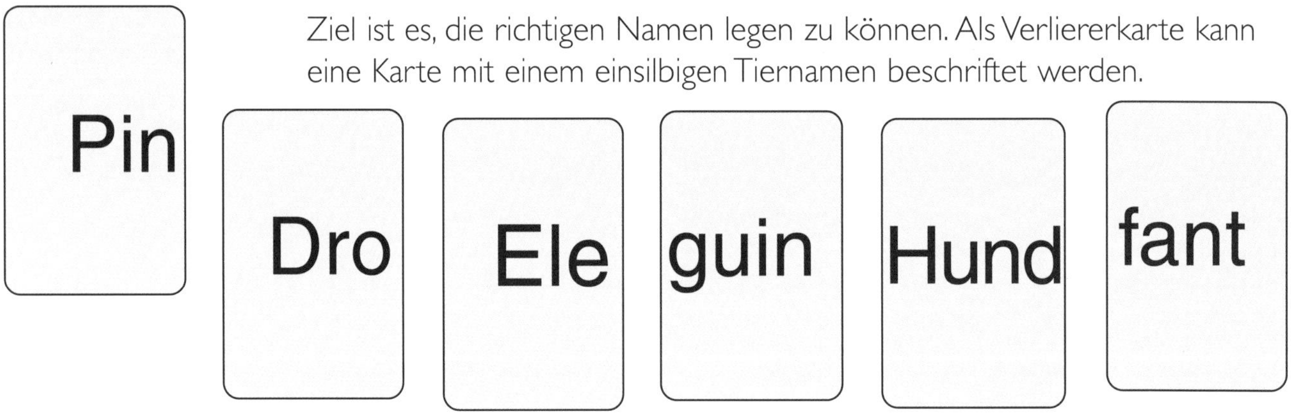


**C) Sachensuche**
im

Blankospielkarten werden mit Namen von Gegenständen beschriftet, die Klassenzimmer und auf dem Schulareal zu finden sind.

Die Klasse wird in Gruppen aufgeteilt. Jede Gruppe bekommt einen Stapel mit den gleichen Karten. Die notierten Dinge müssen hergeholt und zur Karte gelegt werden.

Die Gruppe, die innerhalb einer festgelegten Zeit die meisten Gegenstände herbeischaffen konnte, hat gewonnen.

Streiche die Wörter durch, die nicht zum Bild passen.

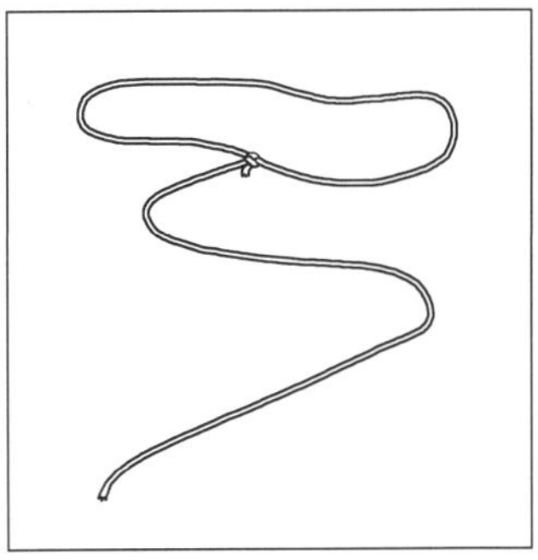

Last
Lasso
Lama

Mama
Timo
Lisa

Tim
Tal
Tom

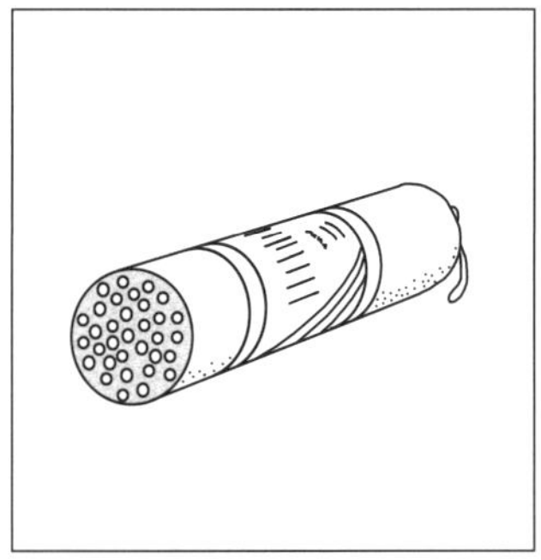

Salat
Solo
Salami

Silo
Sims
Saal

Amt
Alm
Ast

Mist
Mast
Most

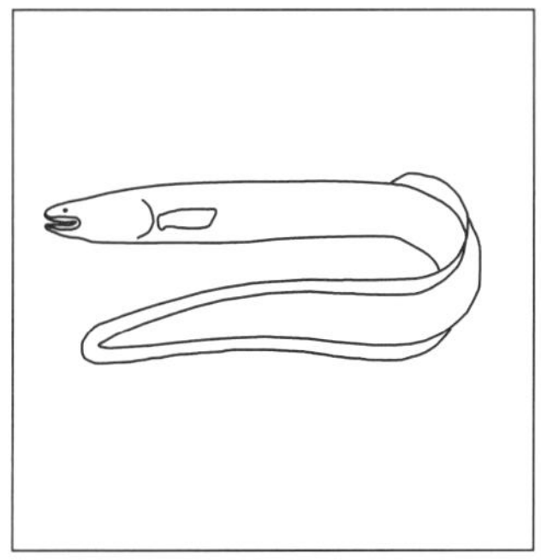

Alma
Atom
Aal

Lasso
Lamm
Lama

Oma
Ost
Otto

Lama
Lilo
Lamm

Salto
Salat
Samt

In jedem Feld steht ein Wort ohne Bedeutung. Streiche es durch.
Verbinde die Bilder mit dem passenden Wort.

| | | |
|---|---|---|
| Foss<br>Fass<br>Fall | Salami<br>Salat<br>Salafi | Saft<br>Maft<br>Lift |
| Mama<br>Maffo<br>Last | Foto<br>Flom<br>Film | Sofa<br>Safi<br>Sims |

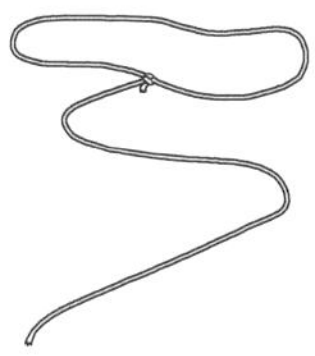
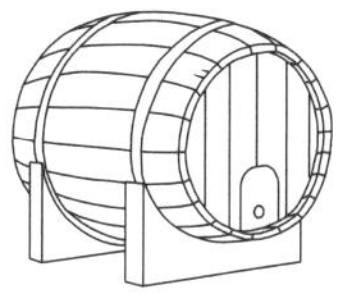
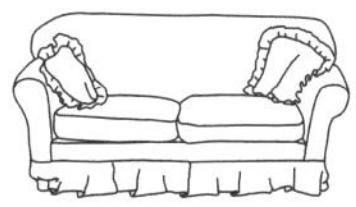

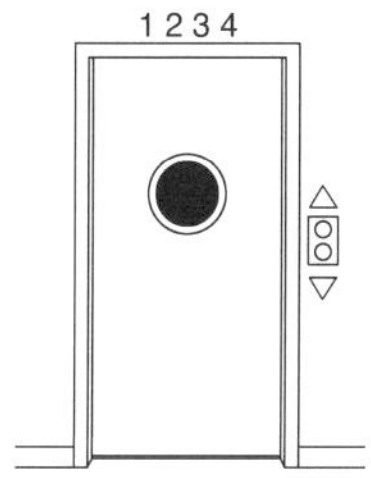


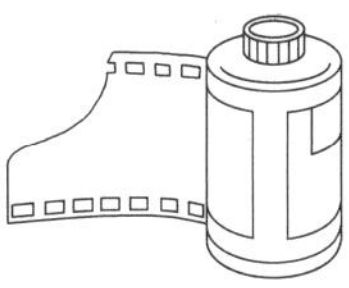
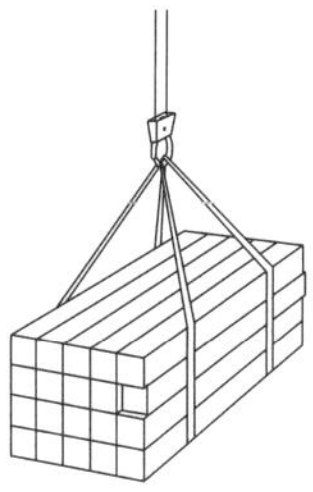

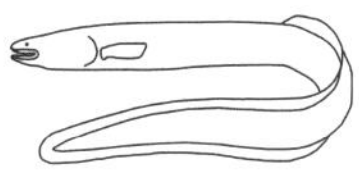
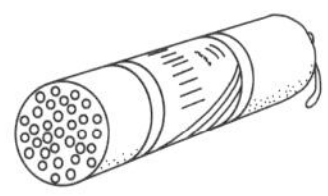

| | | |
|---|---|---|
| Lama<br>Lotto<br>Lafam | Fost<br>Lasso<br>Tal | Mist<br>Mast<br>Moft |
| Most<br>Lamm<br>Fasta | Ast<br>Alo<br>Los | Tifamo<br>Aal<br>Samt |

Unter jedem Bild stehen drei Wörter. Nur eines ist richtig.
Bei den anderen sind die Buchstaben vertauscht. Streiche die falschen Wörter durch.

Afef
Aeff
Affe

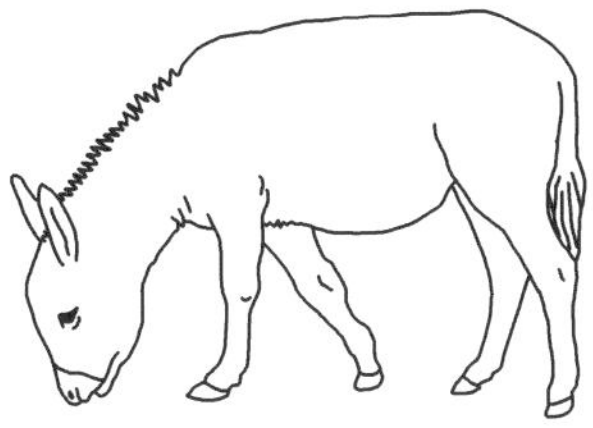

Esel
Else
Esle

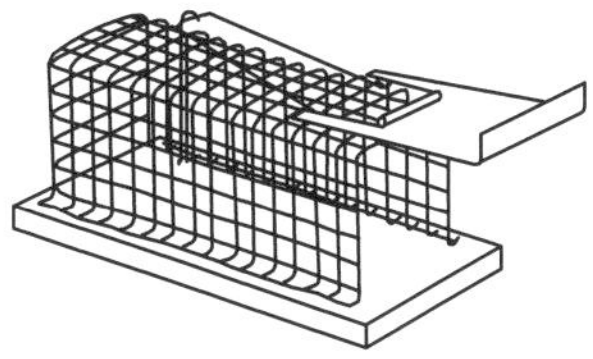

Flale
Falle
Fella

Fets
Ftes
Fest

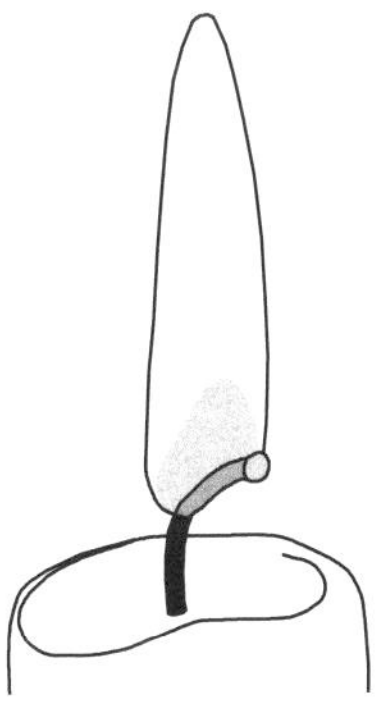

Flemma
Flamme
Falmme

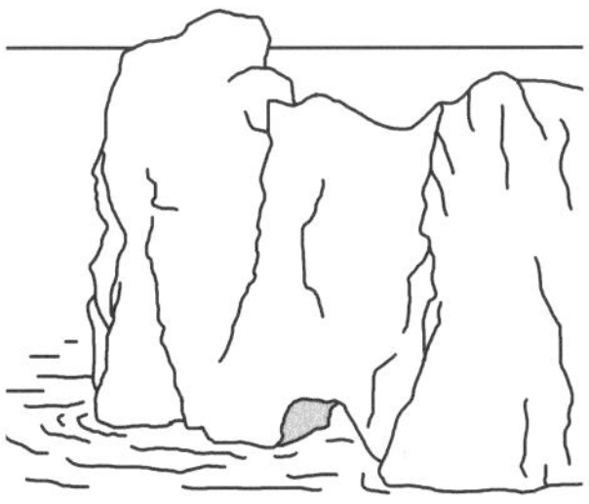

Fels
Fles
Fesl

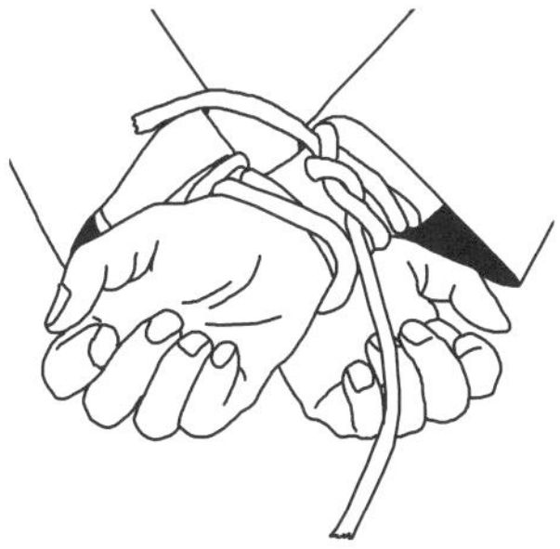

Feless
Fessel
Flesse

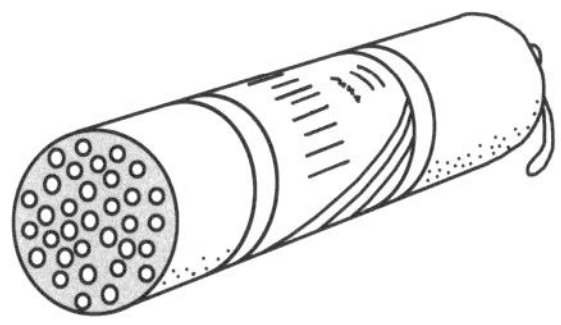

Salima
Salami
Samali

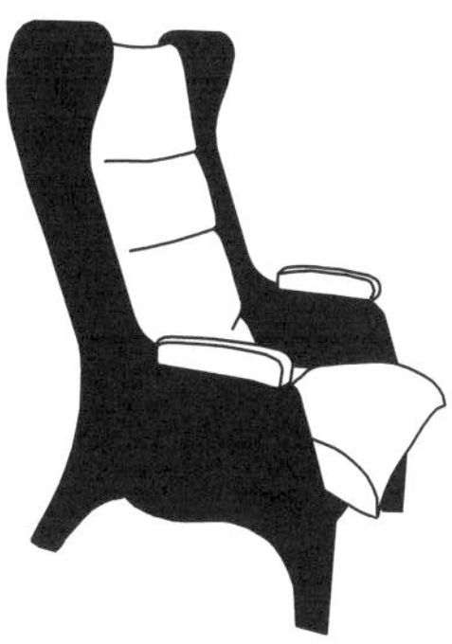

Sessel
Slesse
Sesels

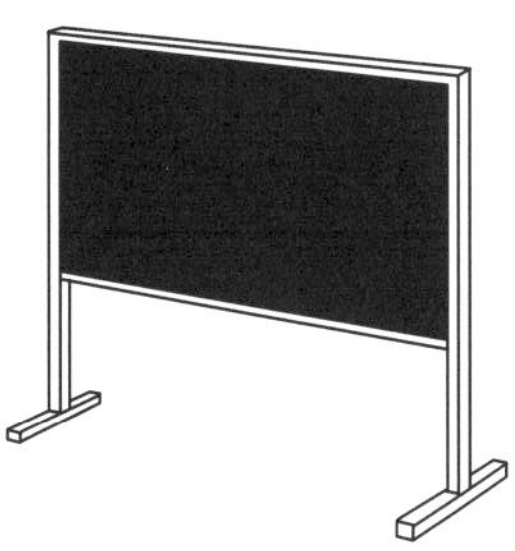

Talfe
Tefal
Tafel

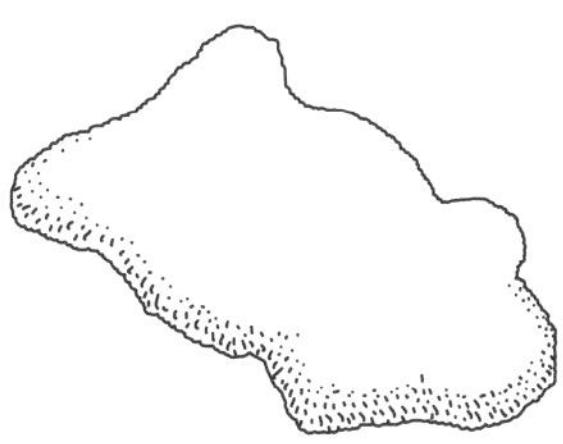

Flel
Fell
Flle

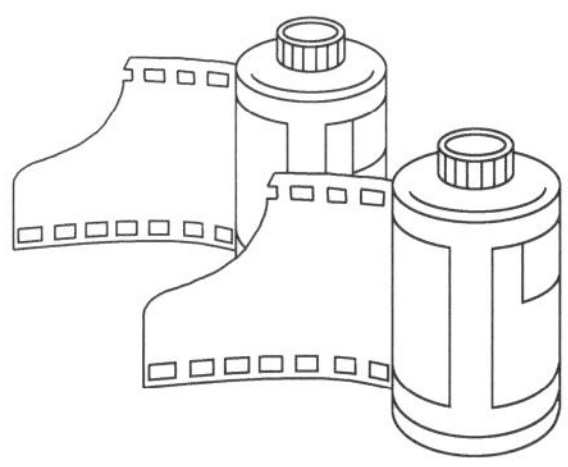

Fimel
Filem
Filme

Verbinde die Wörter mit den passenden Bildern.

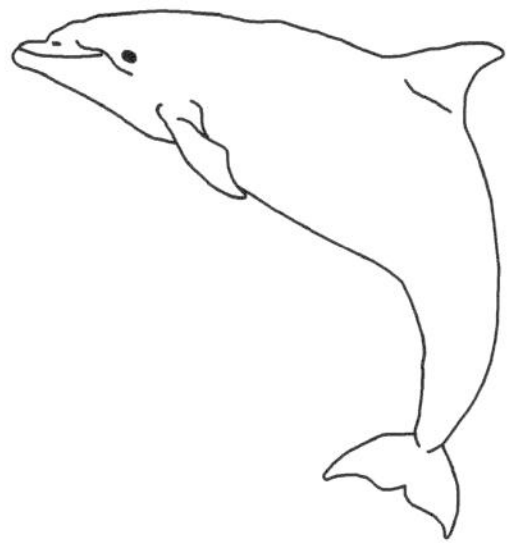

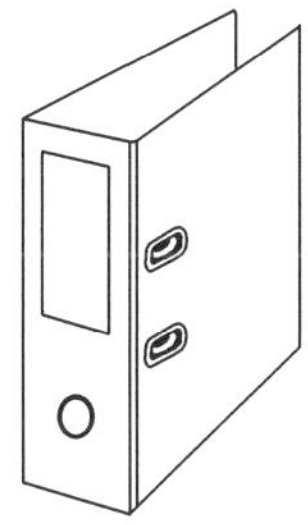

Erde
Indianer
Radio
Adler
Delfin
Mond
Modell
Nadel
Dorf
Ordner
Dromedar
Dame
Laden
Dorn
Domino

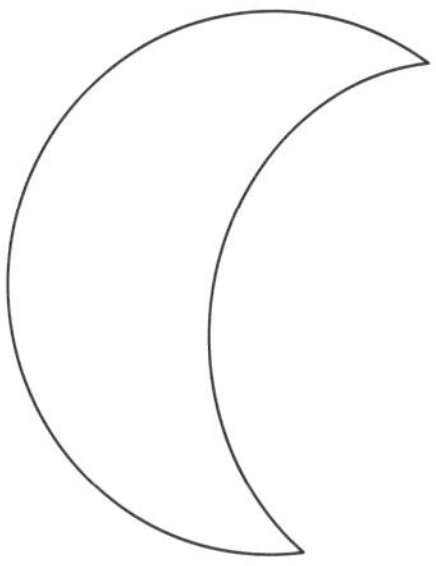
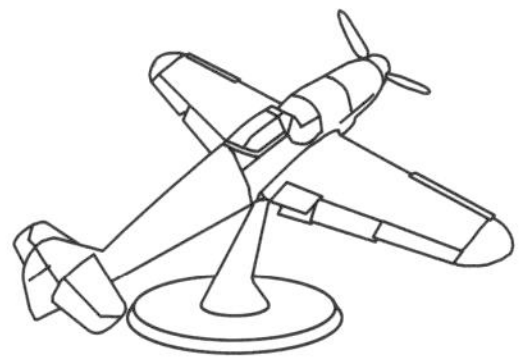
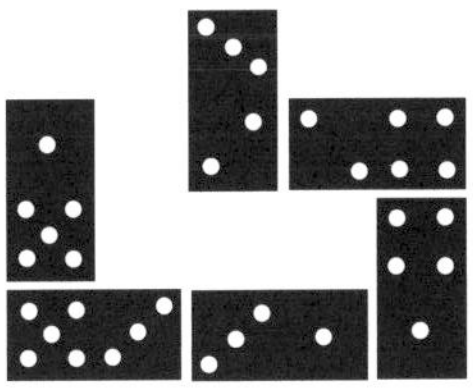

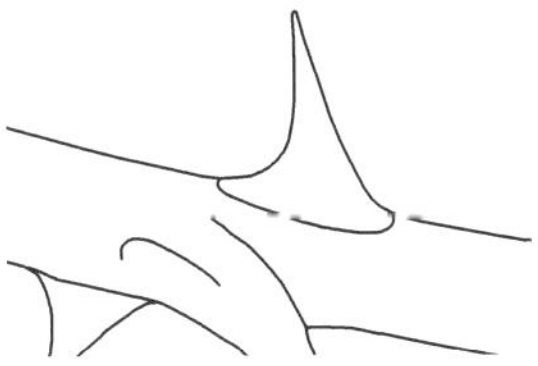

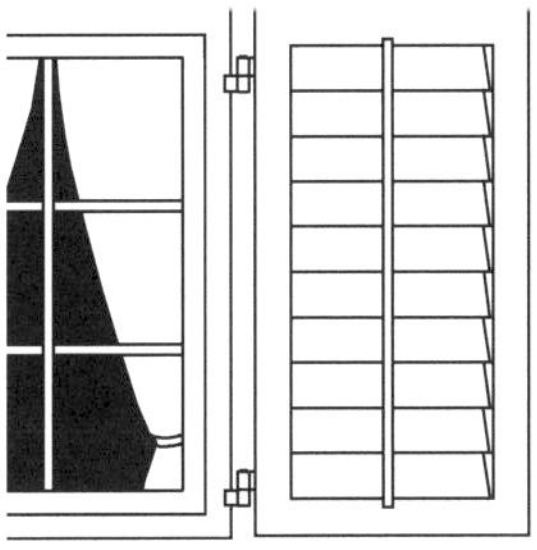

Schreibe im Bild die richtige Nummer mit rotem Farbstift neben den Gegenstand.

| | | | |
|---|---|---|---|
| 1 | Tanne | 9 | Ente |
| 2 | Mantel | 10 | Name |
| 3 | Ofen | 11 | Elefant |
| 4 | Antenne | 12 | Mann |
| 5 | Telefon | 13 | Tinte |
| 6 | Sonne | 14 | Noten |
| 7 | Insel | 15 | Senf |
| 8 | Nest | 16 | Nase |

Lies die Wörter. Streiche durch, was du nicht findest im Bild.

| | | |
|---|---|---|
| Falter | Ente | Rassel |
| Rose | Tram | Salat |
| Elefant | Salami | Laterne |
| Tor | Teller | Forelle |
| Esel | Fass | Ratte |
| Monster | Ofen | Torte |
| Seerose | Messer | Mantel |

Kreuze den Satz an, der zum Bild passt.

☐ Maria malt ans Fenster.

☐ Martina isst Salat.

☐ Martin rennt ins Tor.

☐ Mario ist am See.

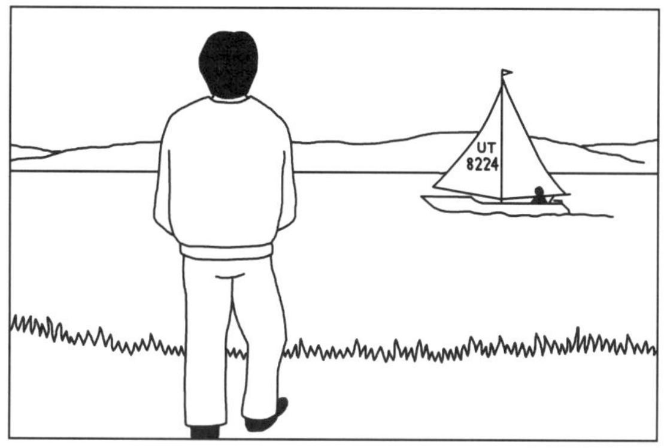


☐ Rita rettet Timi.

☐ Reto rennt fort.

☐ Roman isst Ananas.

☐ Rolf ist im nassen Rasen.

☐ Ramona malt mit Mara.

☐ Marina liest am Ofen.

Kreuze den Satz an, der zum Bild passt.

☐ Sara ist mit Reto am Ort.

☐ Nina ist mit Sina im Tor.

☐ Ralf malt rote Rosen.

☐ Remo malt lila Noten.

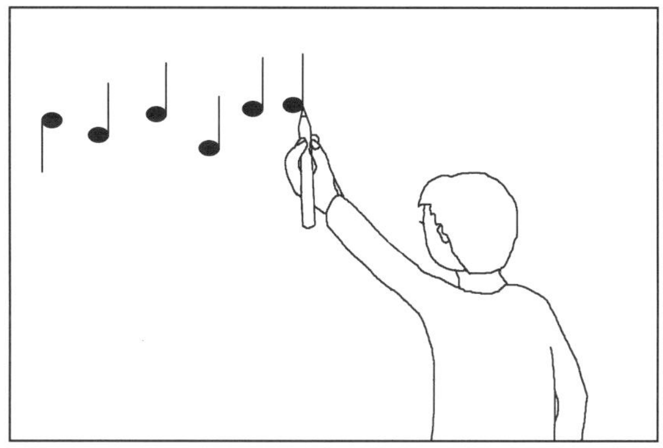

☐ Miro ist im Rasen.

☐ Mira rennt ins Meer.

☐ Rina filmt Timi im Tor.

☐ Sara filmt Omi im Nest.

☐ Erna isst Ananastorte.

☐ Eliane isst Tomatensalat.

Klebe die Dominokarten von Blatt 8b in die Felder. Beginne beim Start. Verbinde die Tiernamen mit den Bildern.

ter Drome START

# 8b



Schneide die Dominokärtchen aus.
Klebe sie so auf das Arbeitsblatt 8a, dass richtige Tiernamen entstehen.

| | | | | | |
|---|---|---|---|---|---|
| se | Ele | san | Mar | tier | La |
| ter | Drome | tiner | Fal | mander | Fo |
| sel | En | fant | Sala | dar | Del |
| ler | Amei | der | Ad | te | Dalma |
| relle | Ren | fin | Fa | ma | Am |

Verbinde die Punkte bei den Bildern in der Reihenfolge der Wörter.

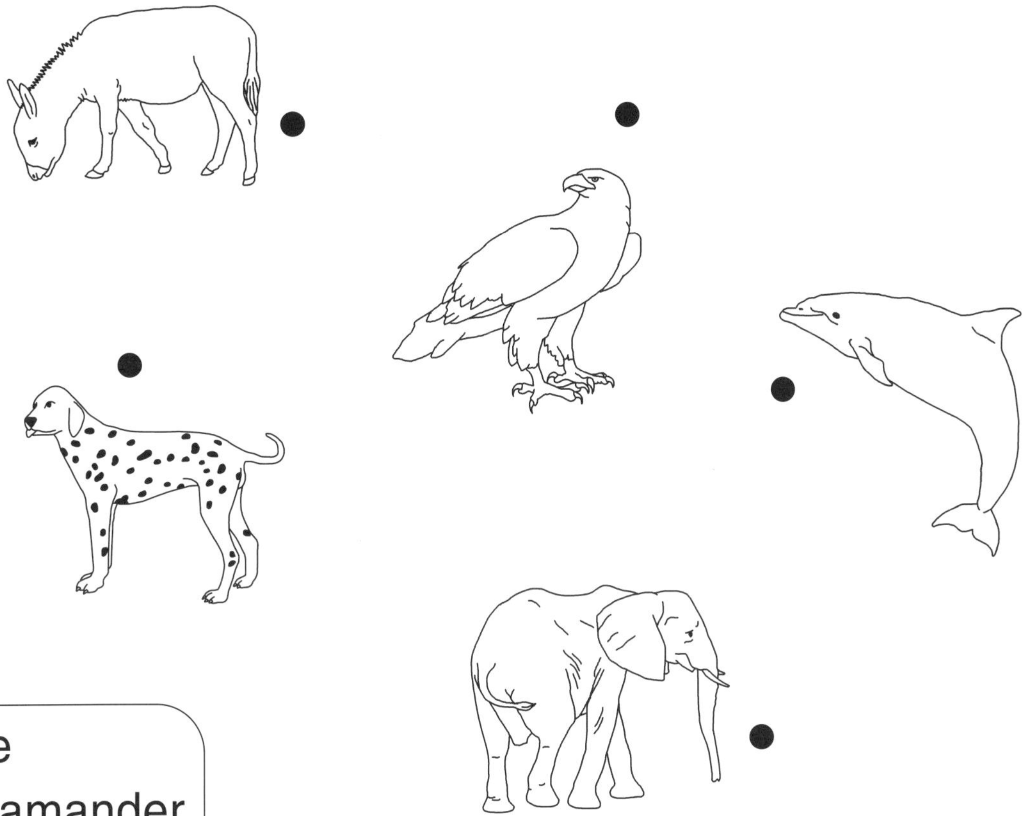

- Affe
- Salamander
- Lama
- Dromedar
- Ente
- Elefant
- Delfin
- Adler
- Esel
- Dalmatiner

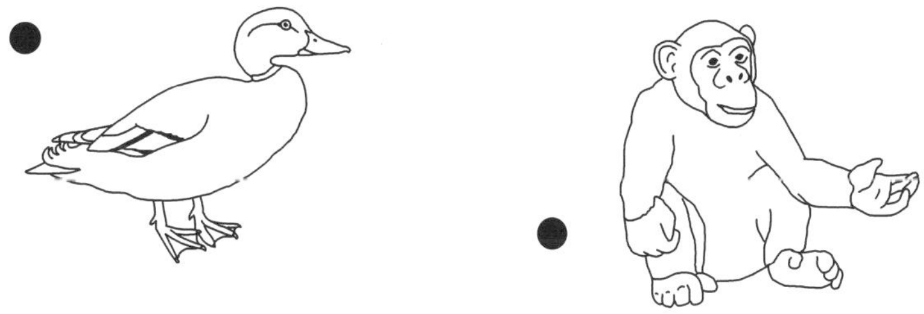

Schreibe zu jedem Bild das passende Wort.
Die Buchstaben, die du brauchst, stehen im Feld unter dem Bild.
Streiche die benutzten Buchstaben durch.

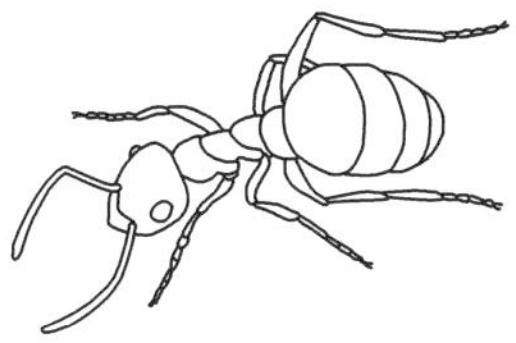

A s i e m e

L e r t e i

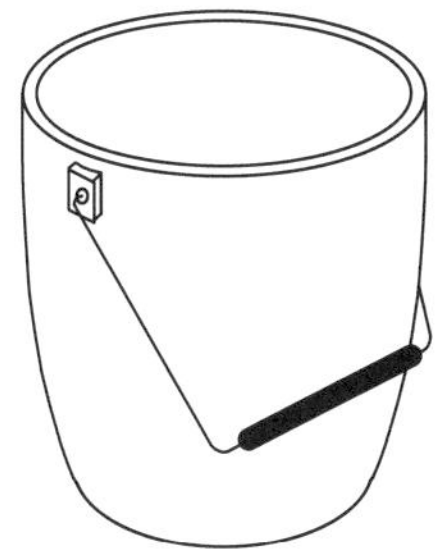

E m e r i

R i r e t e

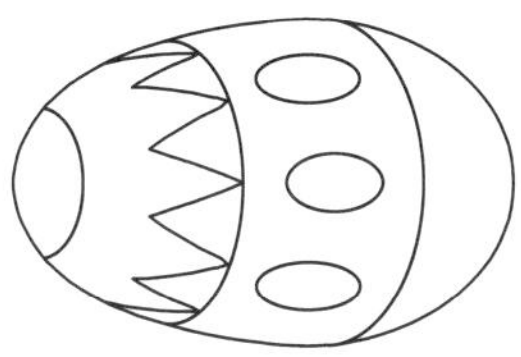

O i r e s t e

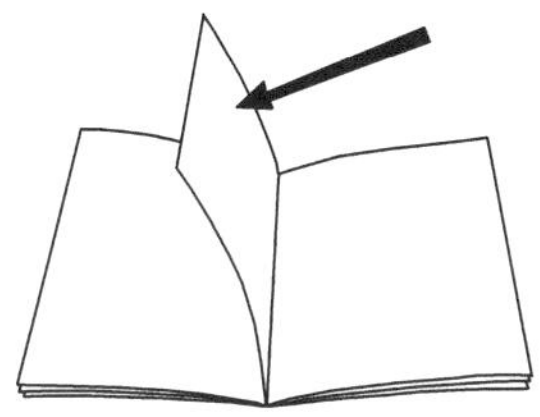

S e e t i

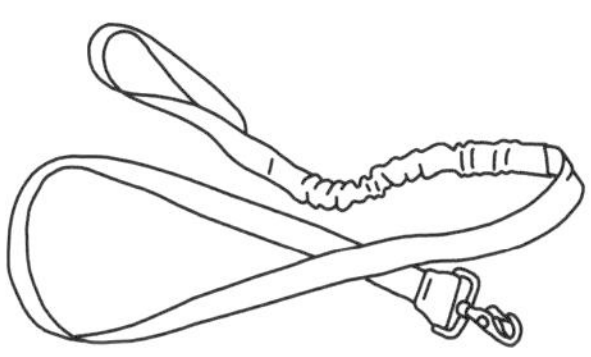

L e n e i

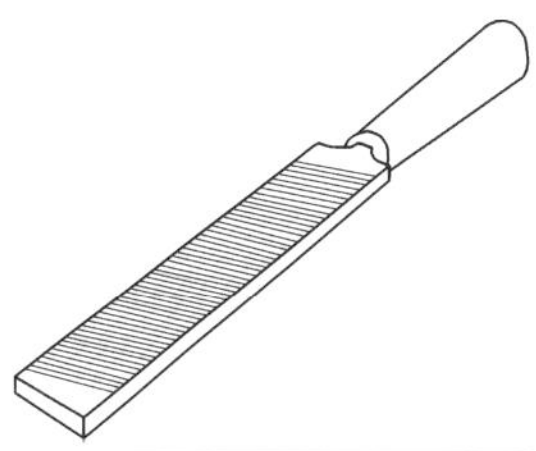

F e l e i

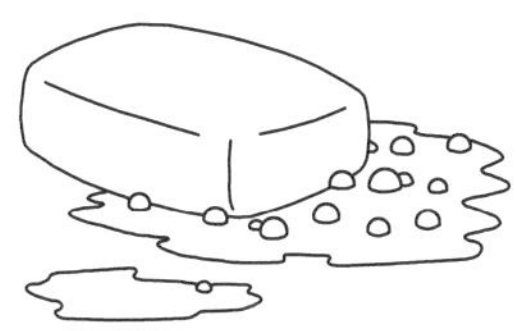

S e e f i

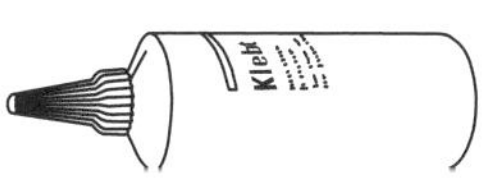

L e m i

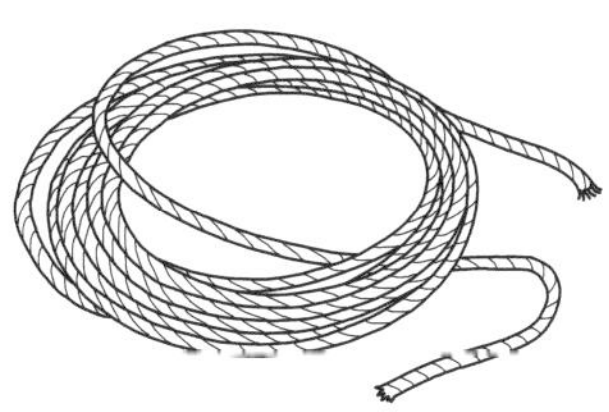

S i l e

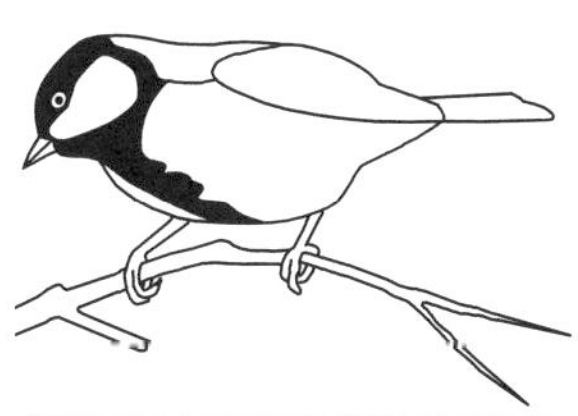

M i s e e

Jedem Satz fehlt das letzte Wort. Schreibe es ins leere Feld.
Male die Bilder aus. Beachte dabei, was in den Sätzen steht.

Ein Affe ist im roten ______ .

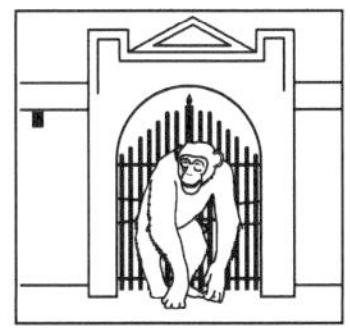

Am Ufer ist ein alter ______ .

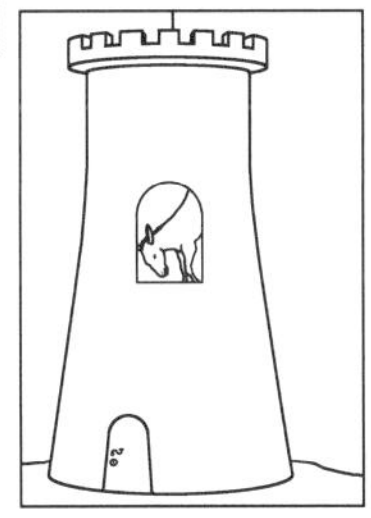

Im Turm turnt ein netter ______ .

Im Teller ist eine feine ______ .

Ein Maler malt eine lila ______ .

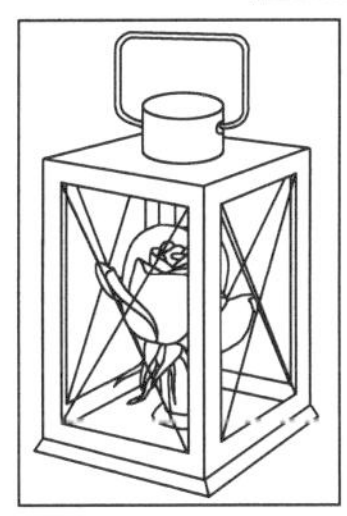

O, in der Laterne ist eine ______ .

Im Nest ist eine ______ .

Am Seil ist eine feine ______ .

Eine Ameise ist im ______ .

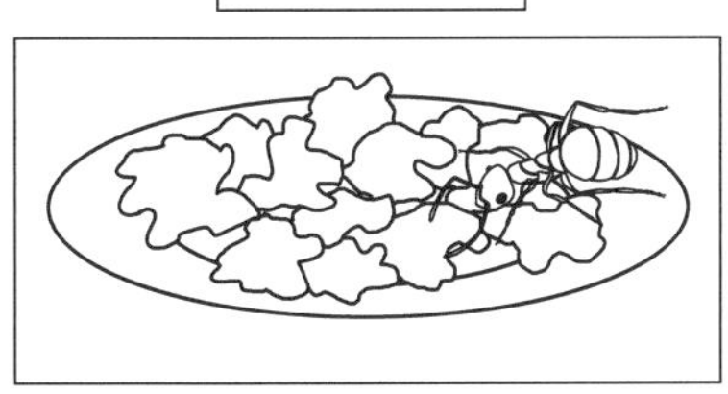

Schreibe die Namen der Schneefiguren am passenden Ort ins Bild.
Gib den zwei namenlosen Schneefiguren auch einen Namen.

**Wilma** redet laut am Telefon.

**Waldi** will am See Wasser saufen.

**Werro** frisst eine feine Wurst.

**Willi** findet es toll im Wasser.

**Werner** rennt ins Wasser.

**Iwan** will drei warme Eier essen.

**Wotan** ist allein am Waldrand.

**Wanda** wartet auf dem Turm.

**Walo** wartet unter der Tanne auf Wanda.

**Wendelin** weint, weil es so warm ist.

**Walter** wandert im Winter auf der Weide.

Kreuze bei jeder Frage die richtige Antwort an.

Wo ist das Murmeltier?

- [ ] Es ist in der Wanne.
- [ ] Es ist in der Wiese.
- [ ] Es ist im Wasser.

Wer frisst oft Disteln?

- [ ] Der Esel.
- [ ] Der Delfin.
- [ ] Der Wal.

Wo ist der Delfin?

- [ ] Er ist im See.
- [ ] Er ist im Meer.
- [ ] Er ist im Salat.

Was frisst der Elefant?

- [ ] Er frisst einen Mann.
- [ ] Er frisst einen Ast.
- [ ] Er frisst ein Dorf.

Wann ist der Adler in der Luft?

- [ ] Wenn der Esel fort ist.
- [ ] Wenn die Sonne da ist.
- [ ] Wenn der Wald rot ist.

Wer ist ein Kamel?

- [ ] Der Affe.
- [ ] Das Dromedar.
- [ ] Der Wolf.

Wo findet man die Maus?

- [ ] Im Wasser.
- [ ] Auf dem Mond.
- [ ] Im Wald.

Wie ist das Faultier?

- [ ] Es ist alt.
- [ ] Es ist faul.
- [ ] Es ist rund.

Was frisst die Amsel ?

- [ ] Sie frisst eine Ente.
- [ ] Sie frisst eine Maus.
- [ ] Sie frisst einen Wurm.

Wie wird die Ente im Roten Meer?

- [ ] Sie wird rot.
- [ ] Sie wird nass.
- [ ] Sie wird alt.

Male den Kreuzarm aus, der zusammen mit dem Buchstaben in der Mitte ein Wort ergibt.

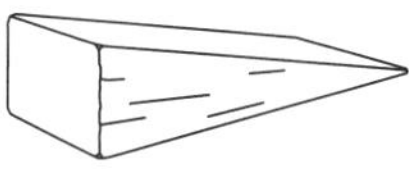

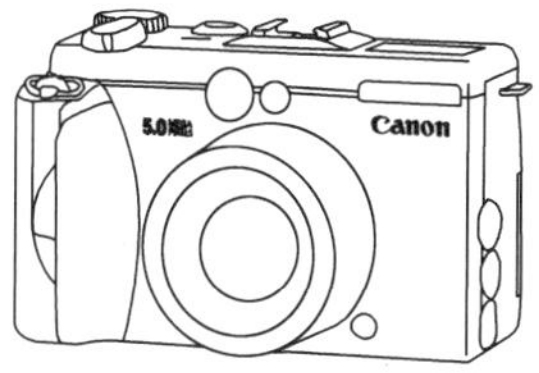

aktus
ondel | K | artose
udolf

ostel
emmel | K | ilster
eil

almer
istel | K | leider
uffel

urtine
elke | N | eisel
otase

olke
unser | W | ister
edim

reler
rawerk | T | elker
raktor

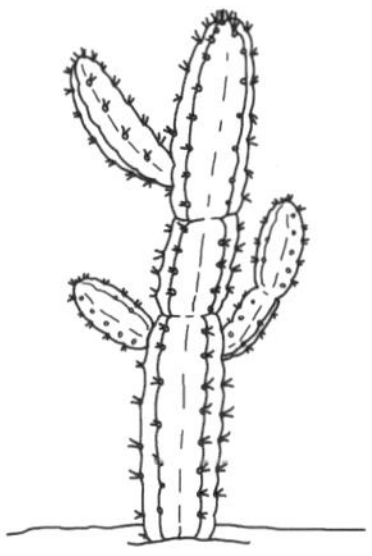

etten
oktor | D | utter
ulker

eiteke
asteme | R | ateke
akete

rande
reide | K | lude
udine

reine
rokodil | K | rokaft
netel

siram
lstum | E | skimo
rkude

liffe
lasse | K | latte
lenne

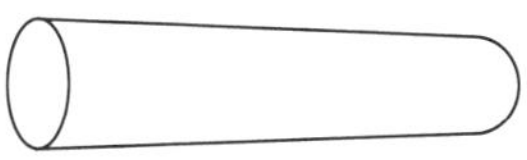

Male das Feld mit dem passenden Anfangsbuchstaben aus. Verbinde das Wort mit dem Bild.

| | |
|---|---|
| N | |
| S | |
| L | uss |
| T | |
| F | |

| | |
|---|---|
| S | |
| T | |
| N | uder |
| D | |
| R | |

| | |
|---|---|
| D | |
| R | |
| L | utter |
| M | |
| T | |

| | |
|---|---|
| S | |
| T | |
| L | unnel |
| N | |
| F | |

| | |
|---|---|
| S | |
| N | |
| L | udeln |
| T | |
| F | |

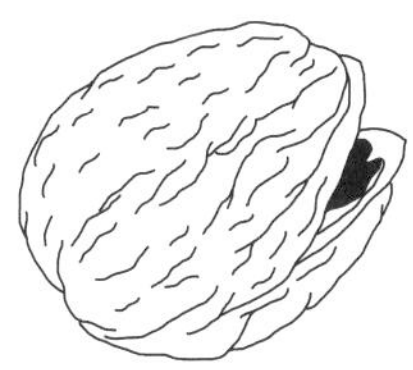

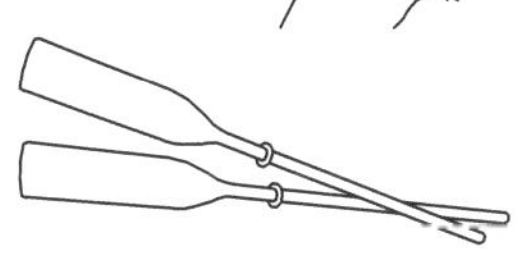

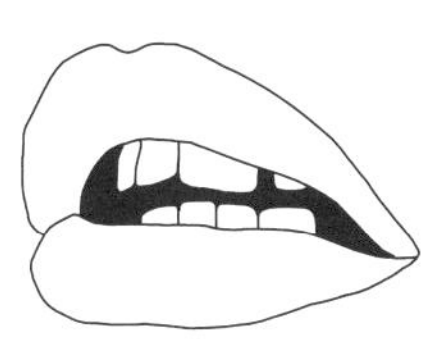

| | |
|---|---|
| M | |
| N | |
| T | ummer |
| L | |
| F | |

| | |
|---|---|
| S | |
| O | |
| E | luss |
| F | |
| A | |

| | |
|---|---|
| L | |
| R | |
| M | ute |
| S | |
| T | |

| | |
|---|---|
| T | |
| F | |
| L | urm |
| S | |
| N | |

| | |
|---|---|
| T | |
| N | |
| L | und |
| A | |
| M | |

In jedem langen Wort steckt ein Nomen, das zu einem der Bilder passt.
Suche es und übermale es mit einem gelben Farbstift.
Schreibe das Wort mit GROSS- und Kleinbuchstaben darunter. Verbinde das Wort mit dem Bild.

KONDITOREI

SALAMANDER

MATROSEN

KREISEL

ETIKETTEN

ANWALT

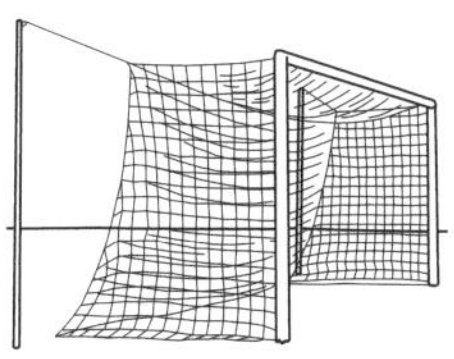

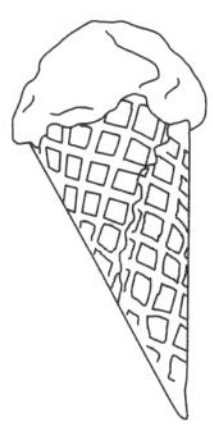

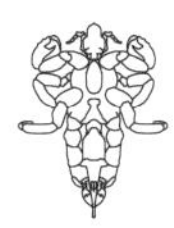

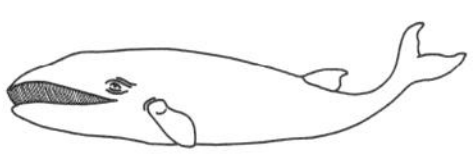

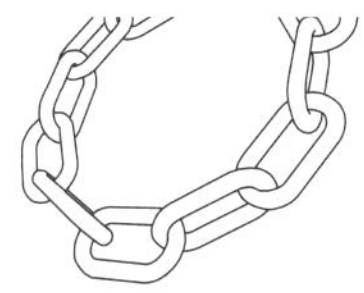

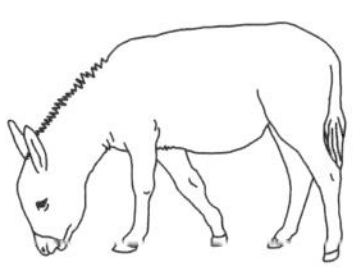

NORDAMERIKA

DIESELMOTOR

KAMERADIN

TOMATEN

TASTEN

NIKOLAUSFEST

Kreuze den Satz an, der zum Bild passt.

☐ Ein Kater klettert auf die Tanne.

☐ Auf dem Kastanienbaum ist ein Kater.

☐ Fifi knetet seine Leine aus Leder.

☐ Fifi will den Kater auf der Tanne fressen.

☐ Die Maus rennt fort, weil ein Kater kommt.

☐ Ein Kind klettert unter die alte Kiste.

☐ Komm in den Wald! ruft der Kater.

☐ Der Kater kommt aus dem Wald.

☐ Auf dem Kaktus ist ein kleiner Fink.

☐ Auf dem Kaktus ist ein altes Krokodil.

☐ Karin will auf das Kamel klettern.

☐ Karin will auf den Mond klettern.

☐ Ein Kater reitet mit einem Kerl fort.

☐ Der Kater reitet auf einem Koffer.

☐ Ein Krokus saust auf der Wolke zum Turm.

☐ Ein Krokodil reist auf der Wolke um die Welt.

Suche im Rechteck die 13 versteckten Esswaren. Du findest sie waagrecht und senkrecht.
Umfahre sie mit verschiedenen Farben. Male die nicht benutzten Felder gelb aus.
Schreibe die übermalten Buchstaben der Reihe nach unten in die Kästchen.

| | | | | | | | | | |
|---|---|---|---|---|---|---|---|---|---|
| E | R | B | S | E | K | E | B | A | B |
| R | E | I | S | L | E | B | B | E | U |
| D | B | R | A | T | W | U | R | S | T |
| B | A | N | A | N | E | R | O | W | T |
| E | U | E | B | R | E | I | T | R | E |
| E | S | T | R | A | U | B | E | N | R |
| R | B | A | U | M | N | U | S | S | T |
| E | B | R | O | M | B | E | E | R | E |

Banane
Baumnuss
Birne
Bratwurst
Brei
Brombeere
Brot

Butter
Erbse
Erdbeere
Kebab
Reis
Trauben

| | | | | | | | | | |
|---|---|---|---|---|---|---|---|---|---|
| | | | | | | | | | |

In jedem Satz stehen für den Schluss drei Wörter zur Wahl. Streiche die unpassenden durch.
Suche das Bild zum richtigen Wort und male es aus.

| | |
|---|---|
| Herr Huber holt im Haus seinen alten | Hof.<br>Hals.<br>Hut. |

| | |
|---|---|
| Heidi malt hellblaue Blumen ins | Heft.<br>Hemd.<br>Hotel. |

| | |
|---|---|
| Rahel hat eine kleine Nuss in der | Hand.<br>Hacke.<br>Herde. |

| | |
|---|---|
| Der Hirte hat als Hilfe einen | Herd.<br>Hasen.<br>Hund. |

| | |
|---|---|
| Hanna hat eine laute | Haselrute.<br>Hose.<br>Harfe. |

| | |
|---|---|
| Am Himmel ist der helle | Hirt.<br>Mond.<br>Helm. |

| | |
|---|---|
| Hans arbeitet mit dem | Hammer.<br>Horn.<br>Hocker. |

| | |
|---|---|
| Helen hat hellblonde | Hamster.<br>Haare.<br>Hufeisen. |

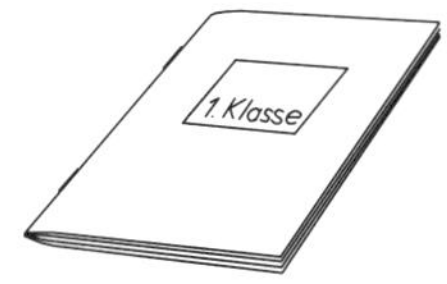

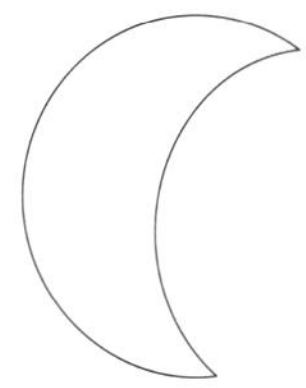
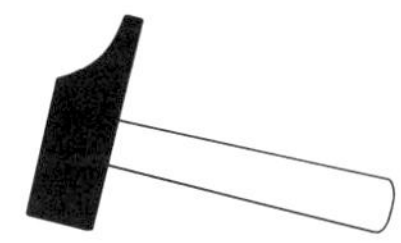

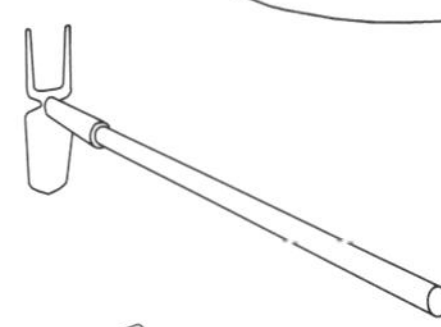

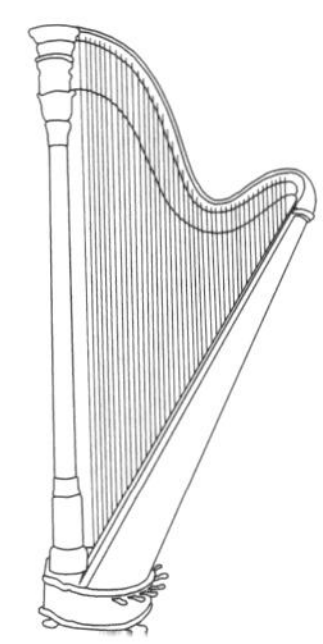

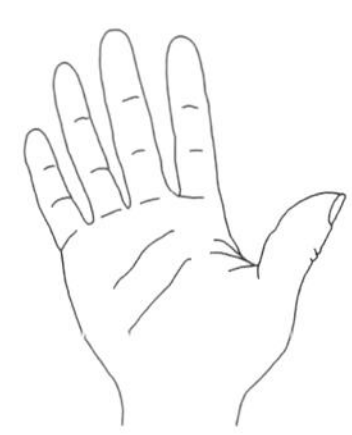

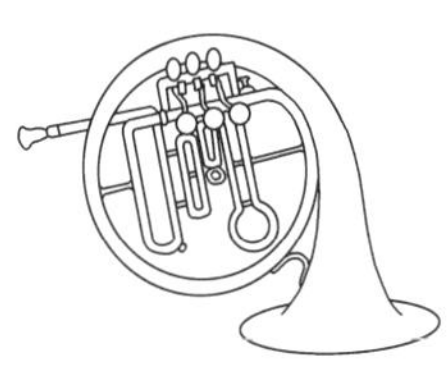

Male jedes Wortfeld mit einer anderen Farbe aus.
Suche das Bild mit dem passenden Reimwort. Male den Bildrahmen mit der gleichen Farbe aus.

| | | | |
|---|---|---|---|
| Glocken | Rose | Fuder | Hantel |
| Tanne | Traum | Mund | Kragen |
| Nase | Griff | Herd | Bad |
| Keller | Haus | Kasse | Mut |

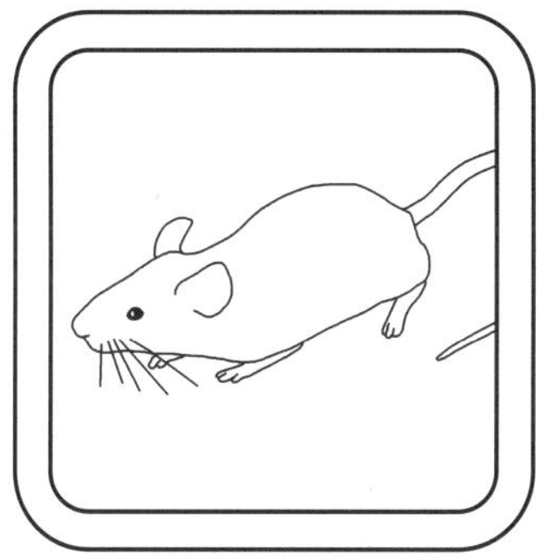
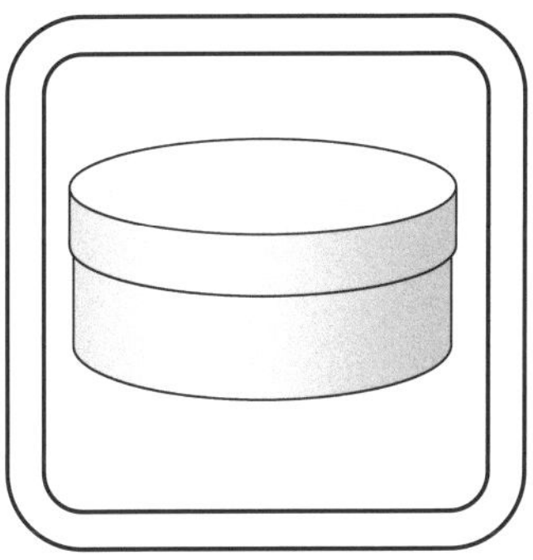

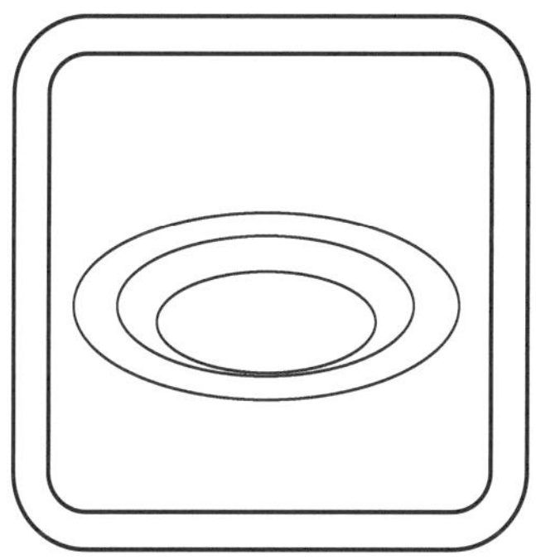

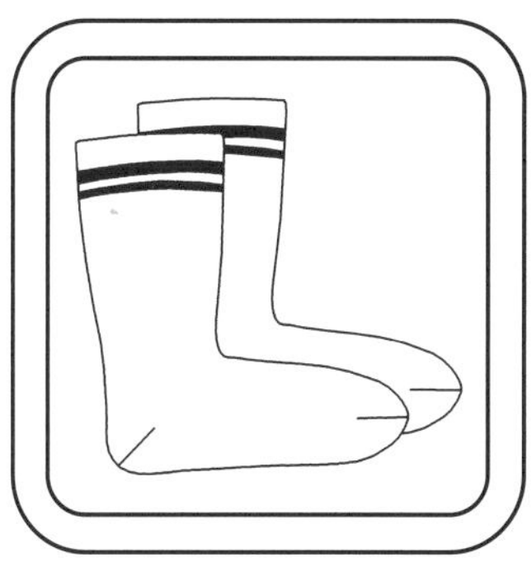

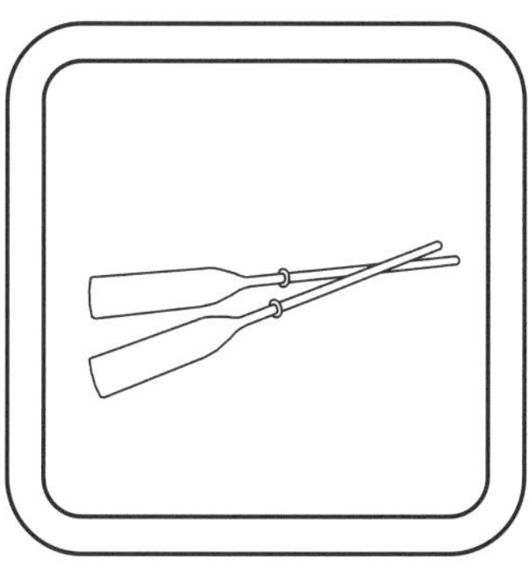

In allen Wörtern steckt ein Eu oder ein eu. Einige Wörter haben keine Bedeutung. Streiche sie durch. Verbinde die sinnvollen Wörter mit dem passenden Bild.

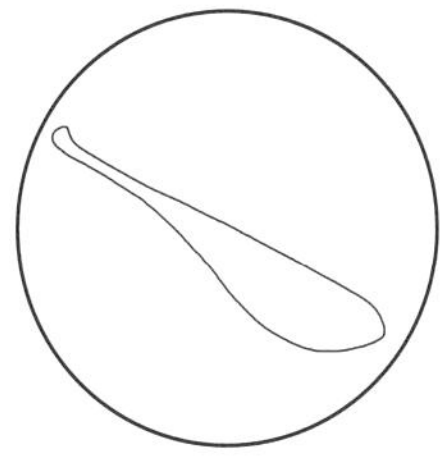

Keule •
Freunde •
Kreuneri •
Eukind •
Efeu •
Heu •
Breulos •
Kreuz •
Teufel •
Euter •
Freude •
Kreumel •
Feuer •
Beutel •
Weusen •
neun •
Heuber •
Leute •
Eule •
Reunate •
Beule •

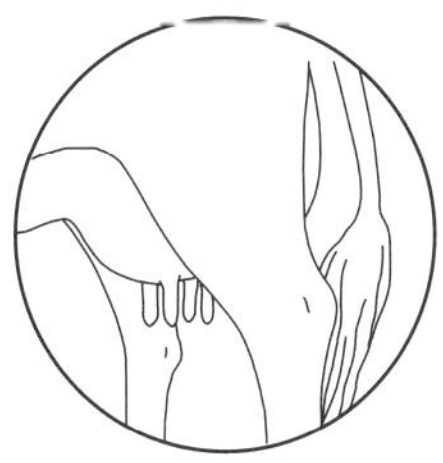

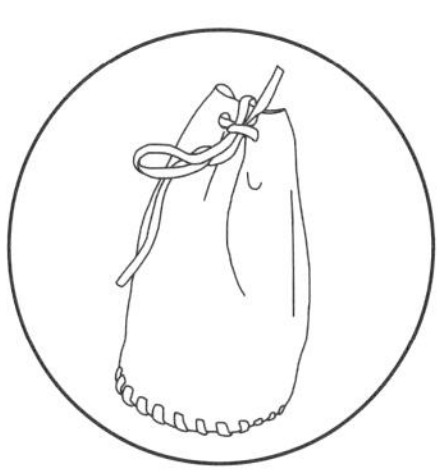

Schneide die Bilder von Blatt 22b aus und klebe sie zum passenden Satz. Ein Bild bleibt übrig.

Franz tanzt auf einem Herz.

Das Zebra sitzt auf dem Hocker.

Auf dem Turm sind zwei Zitronen.

Im Sack sind zehn feine Brezeln.

Der Zauberer zaubert eine Kerze.

Auf dem Holz hockt eine dicke Katze.

Der Enzian ist eine blaue Blume.

Im Netz sind nur kleine Zahlen.

Im dunklen Mantel sitzt ein alter Kauz.

# 22b ✂



Schneide die Bilder aus und klebe sie zum passenden Satz auf Blatt 22a. Ein Bild bleibt übrig.

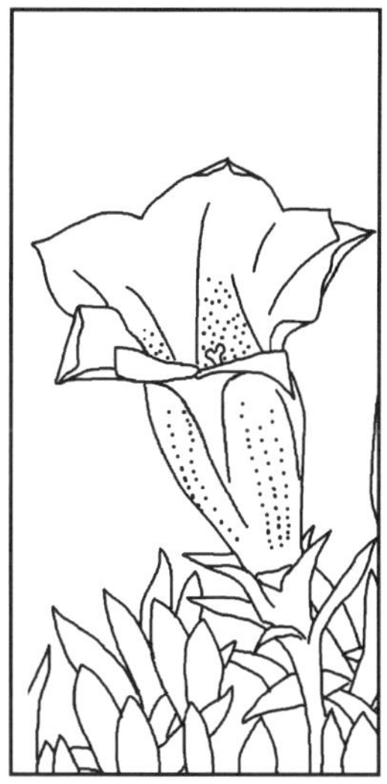

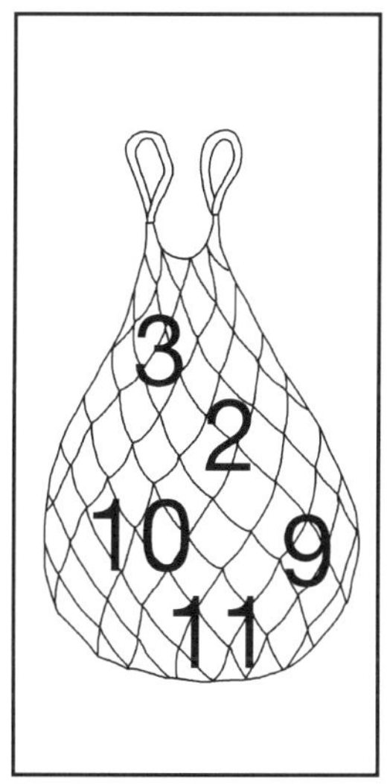

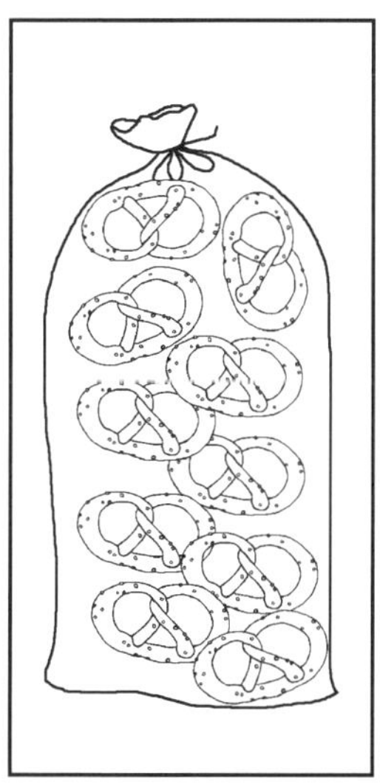

Schreibe die passenden Wörter in die Felder. Du findest sie unten. Drei Wörter bleiben übrig.

Der Lehrer erzählt uns ein [ ].

Aber er muss noch seine Brille [ ].

Nun blickt er in sein dickes [ ].

Es war einmal ein böser [ ].

Er machte einen lauten [ ].

Er kam immer in der dunklen [ ].

Er sauste zur Köchin in die [ ].

Dort nahm er allen [ ].

Nachher hatte er einen dicken [ ]

und ruhte sich aus auf dem [ ].

Bauch Buch Dach Drache Krach
Küche Kuchen Licht Märchen
Nacht Rauch suchen tauchen

Male das Bild so aus, wie es unten beschrieben ist. Was übrig bleibt, darfst du anmalen, wie du willst.

Priska hat ein rotes Kleid.
Ihre Haare sind hellbraun.
Die Socken sind blau.
Ihre Pantoffeln sind rosarot.
Am Pinsel ist rote Farbe.
Der Wimpel ist pink.
Die Mappe ist dunkelbraun.
Peter hat einen hellblauen Pulli.
Seine Hose ist grau.
Die Kappe ist gelb.
Die Gesichter sind hellrosa.
Sein Ballon ist bunt.
Das Paket ist violett.
Die Tulpe ist pink.

Der Ball ist hellgrün.
Der Pudel ist dunkelbraun.
Der Mops ist hellbraun.
Das Puppenkleid ist gelb.
Die Treppe ist grau.
Die Hüte der Pilze sind dunkelrot.
Die Sonne ist orange.
Die Pappel ist hellgrün.
Die Palmblätter sind dunkelgrün.
Der Helikopter ist gelb.
Die Wolke ist rosarot.
Der hinterste Berg ist hellviolett.
Der Hügel mit der Palme ist ocker.
Die Trompete ist gelb.

Lies die Frage. Male das Bild an, das die Frage beantwortet. Schreibe das Wort auf.
Unten kannst du nachsehen, wie die Wörter geschrieben werden.

Welches ist eine Blume?

_______________

Welches Tier lebt in China?

_______________

Womit kannst du malen?

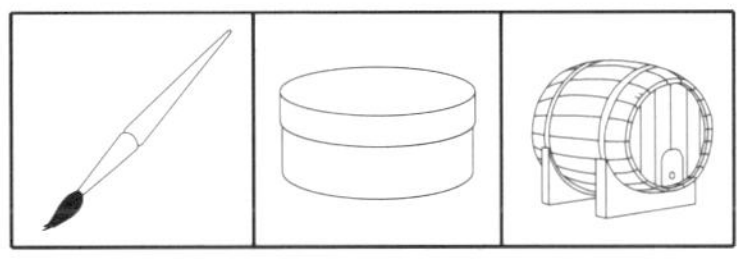

_______________

Was kannst du essen?

_______________

Wer frisst Blätter ab?

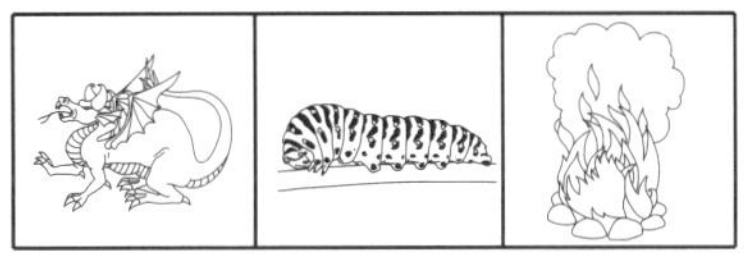

_______________

Wo wächst die Kokosnuss?

_______________

Wer fährt durch die Wolken?

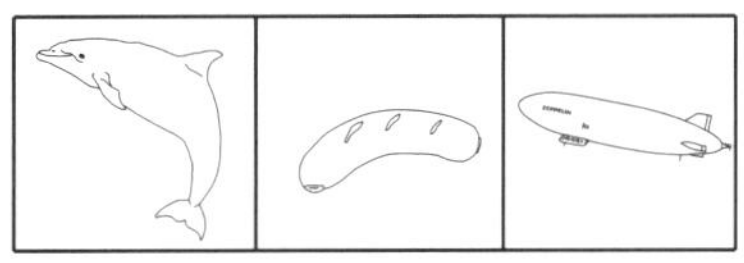

_______________

Was ist sehr laut?

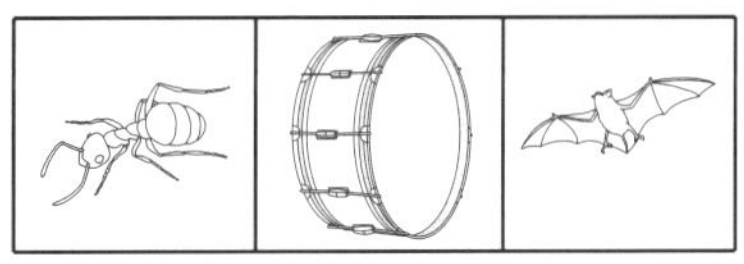

_______________

Was wächst im Wald?

_______________

Was erhellt uns die Nacht?

_______________

Wer hat keinen Höcker?

_______________

Was führt auf den Turm?

_______________

Welches Tier lebt im Urwald?

_______________

Affe Ameise Apfel Baum Beutel Delfin Dose Drache Dromedar Fass Faultier Fels Feuer Fledermaus Hirte Kamel Lama Lampe Monster Okapi Orden Palme Panda Pauke Pelikan Pilz Pinsel Raupe Rute Seife Sonne Suppe Taube Treppe Tulpe Tunnel Wal Wurst Zeppelin

Suche in jedem Kreis die drei Wörter, die zusammenpassen. Male die Felder aus.

Gummi
Gesicht
Geld
Gitarre
Orgel
Ellbogen
Geige
Gokart

Jaguar
Kragen
Zeiger
Silber
Weg
Eisen
Glocke
Gold

Iglu
Geist
Wagen
Gabel
Glas
Papagei
Igel
Krug

Gorilla
Feige
Waage
Tiger
Zwerg
Giraffe
Gebiss
Lager

Jogurt
Berg
Hügel
Gurke
Gipfel
Gimpel
Gürtel
Segel

Gans
Kaiser
Regen
Magnet
Graf
Burg
Hagel
König

In jedem Satz steckt ein überflüssiges Wort. Übermale es gelb.
Schreibe die übermalten Wörter der Reihe nach unten in die Felder.

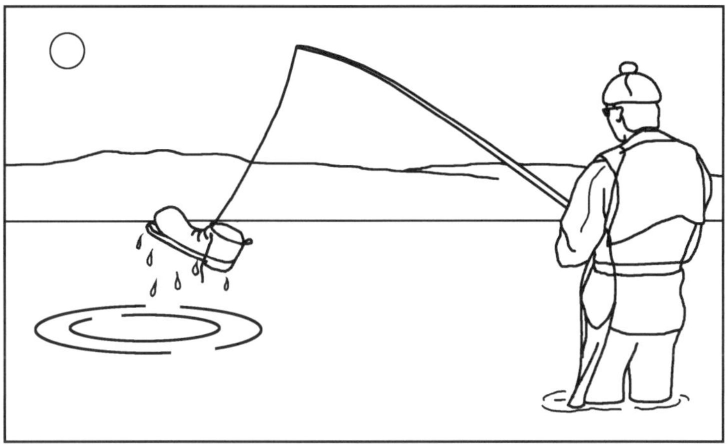

Herr Schindler will am Unterwegs See fischen.

Er kauft watet ins frische Wasser.

Er wirft die Schnur mit der Angel er aus.

Aber kein im Fisch schnappt nach dem Wurm.

Ein Laden Schiff fährt zur Insel im See.

Darauf einen schlagen mächtige Wellen ans Ufer.

Herr Schindler rutscht aus Fisch und fällt um.

Das war gar Schnell nicht schön, denkt er.

Er fischt bringt geduldig weiter.

Endlich ist etwas er Schweres an der Angel.

Aber an der Schnur hängt nur ein ihn Schuh.

Wütend schleudert Herr seiner Schindler die Rute in den See.

Er Frau macht sich rasch auf den Weg nach Hause.

| | | | |
|---|---|---|---|
| | | | |

| | | | |
|---|---|---|---|
| | | . | |

| | | | | |
|---|---|---|---|---|
| | | | | . |

In jeder Wurst steckt ein zusammengesetztes Nomen. Einige Wörter gibt es nicht. Streiche sie durch. Trenne die beiden Teile der anderen Wörter an der richtigen Stelle mit einem farbigen Strich.

| | | |
|---|---|---|
| Bratwurst | Schafbock | Schulfuder |
| Segelschiff | Scheinnacht | Tischtuch |
| Wurmfrosch | Trinkflasche | Schlafsack |
| Regenschirm | Schaumbad | Blauscherz |
| Schulhaus | Waschfall | Sauschwanz |
| Kuhschnee | Schachbrett | Türschloss |
| Schafkäse | Schildkröte | Schlaubaum |
| Schutthalde | Schnurtor | Scherzfrage |

Lies die Wörter im Bild. Suche in der Tabelle die Gruppe, zu der sie gehören.
Lies die Farbangabe daneben.
Male das Feld in der angegebenen Farbe aus. Felder ohne Wort malst du nicht aus.

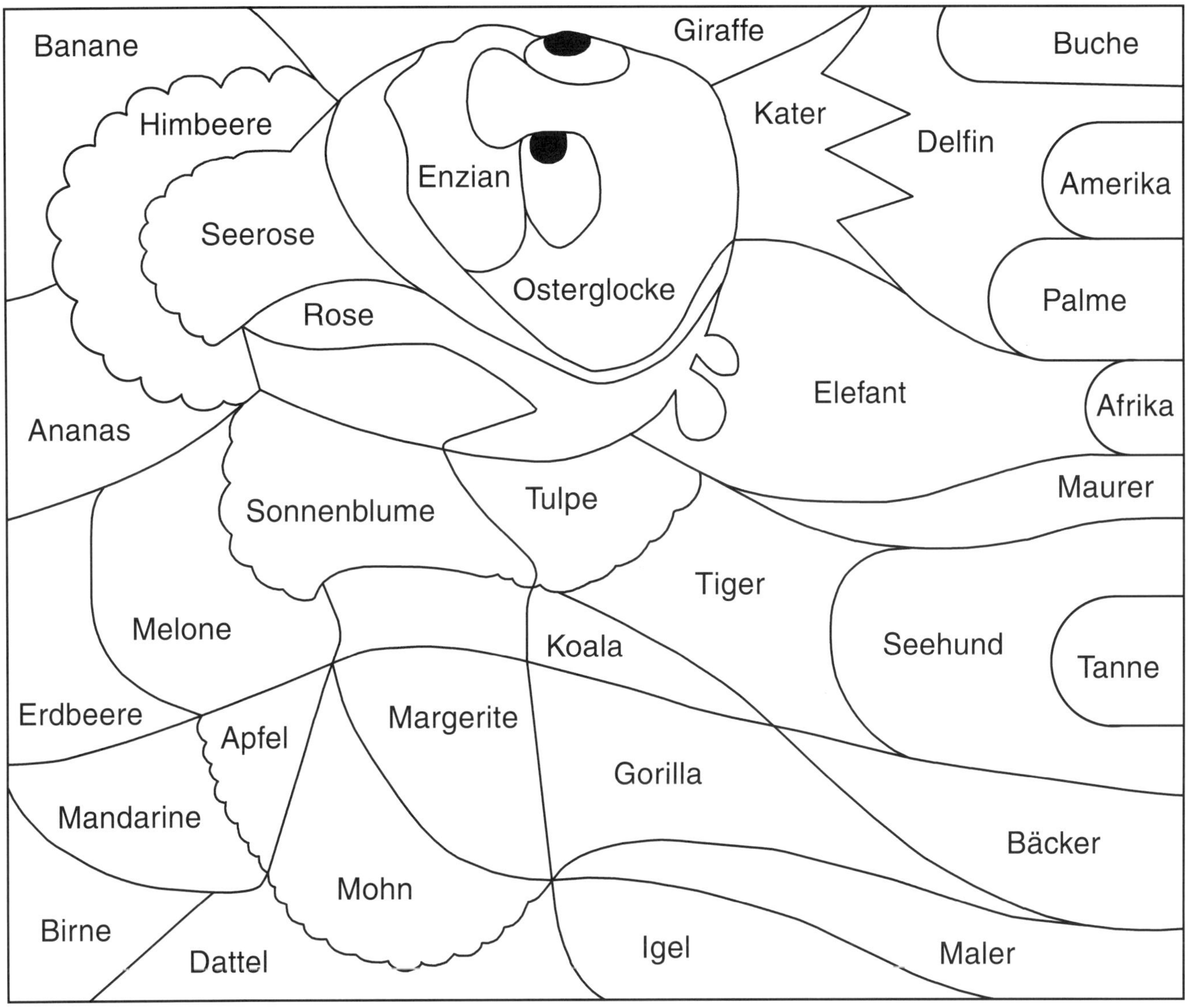


| | |
|---|---|
| Tiere | dunkelblau |
| Berufe | grün |
| Bäume | pink |
| Erdteile | violett |
| Früchte | hellblau |
| Blumen | orange |

In jeder Gruppe steckt ein Wort, das nicht zu den anderen passt. Male das Feld aus.

| | | |
|---|---|---|
| rot | lau | schnell |
| grün | kalt | dick |
| schön | warm | rasch |
| gelb | klein | geschwind |

| | | |
|---|---|---|
| Esel | Tulpe | Markus |
| Elefant | Seehund | Maria |
| Elster | Rose | Martina |
| Elch | Sonnenblume | Marlene |

| | | |
|---|---|---|
| Maurer | Hand | Hose |
| Maler | Land | Mütze |
| Bäcker | Bein | Hut |
| Kater | Arm | Kappe |

| | | |
|---|---|---|
| Eiche | Dackel | Zimmer |
| Sache | Pudel | Schrank |
| Buche | Mops | Tisch |
| Esche | Tiger | Sofa |

ABDEFGHIKLMNOPRSTUWZ ch ck ei sch **sp st**

Starte deinen Weg bei irgendeinem Wort. Verbinde es mit dem passenden Bild. Lies das Wort, das darunter steht, und suche dazu wieder das passende Bild. Fahre so weiter, bis du zum Anfang zurückkommst.

| | | | | | |
|---|---|---|---|---|---|
|  Staubsauger |  Spiegel | 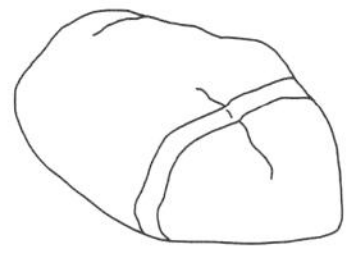 Zauberstab | 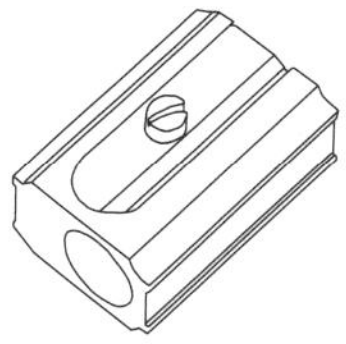 Strauch |  Spatz | 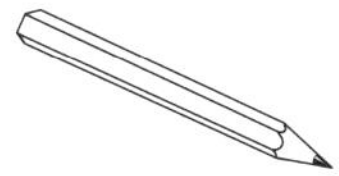 Springseil |
| 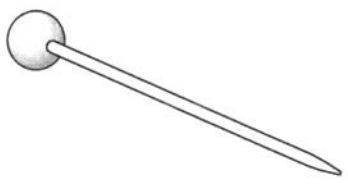 Stein | | | | |  Stern |
| 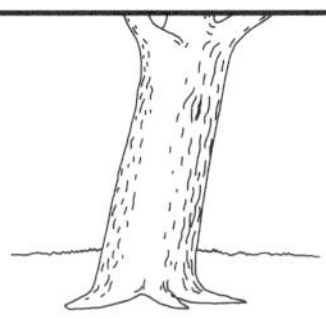 Tankstelle | | | | | 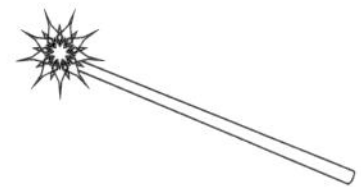 Spitze |
| 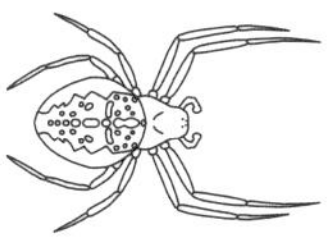 Bleistift | | | | | 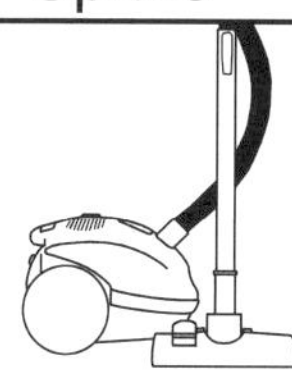 Speer |
|  Storch | | | | |  Baumstamm |
|  Stiefel | | | | |  Steckdose |
| 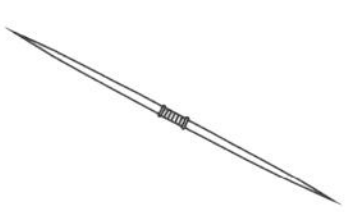 Stier | | | | | 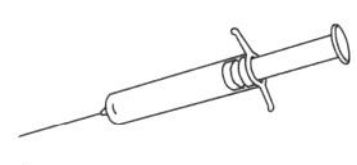 Sparschwein |
| 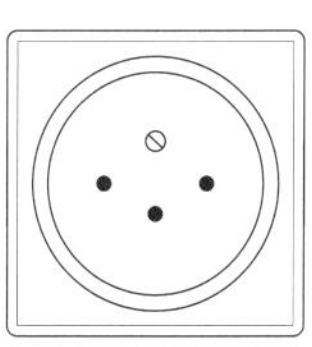 Gespenst | 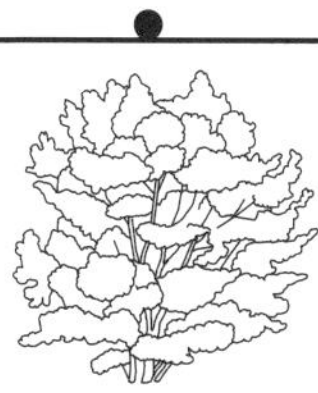 Stecknadel | 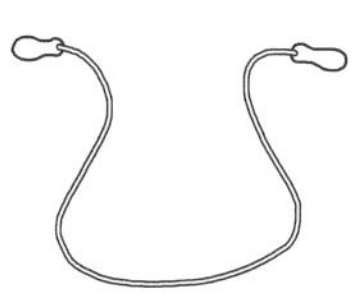 Spritze |  Spitzer |  Stuhl |  Spinne |

Verbinde jeden Satz mit dem passenden Bild.
Übermale alle pf mit einer hellen Farbe.

Zwei Männer kämpfen gegeneinander. •

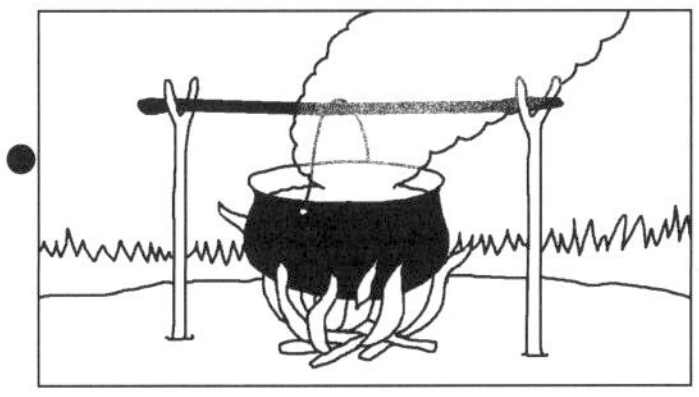

Stefan stampft wütend auf den Boden. •

Das Wasser dampft über dem Feuer. •

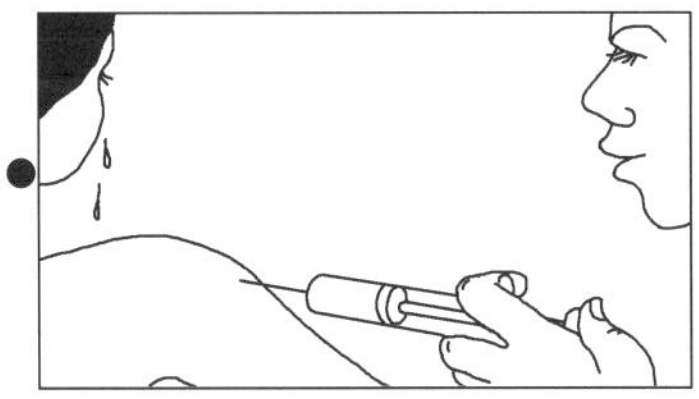

Der Nikolaus stapft durch den Schnee. •

Die Ärztin impft die Kinder. •

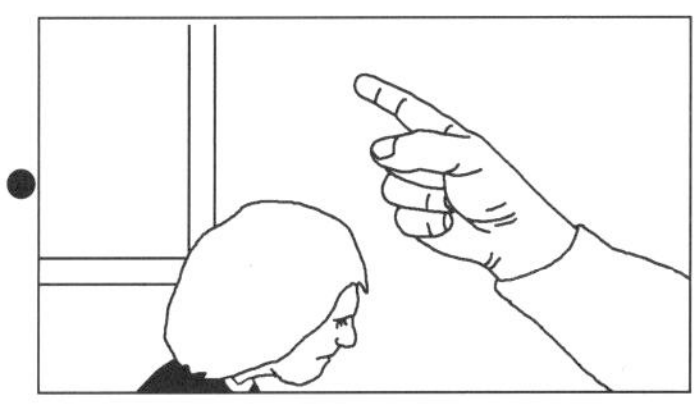

Heute muss der Vater mit Lea schimpfen. •

Miriam darf noch nicht selber schöpfen. •

Tina muss den Teppich sauber klopfen. •

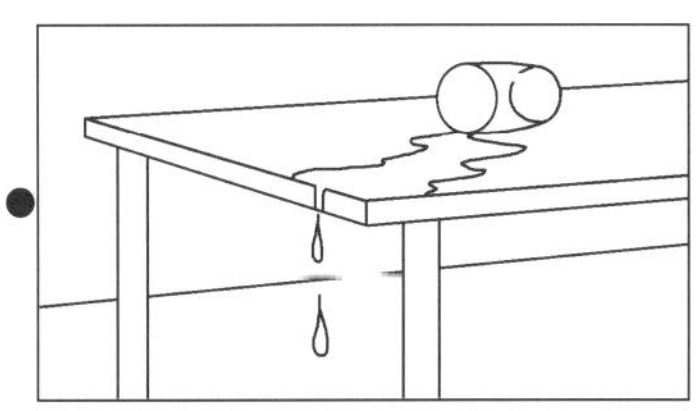

Der Sirup tropft vom Tisch auf den Boden. •

Schreibe die Lösungen unter die Rätsel. Alle Wörter enthalten ein Pf oder ein pf. Die Bilder helfen dir.

Was ist das?
Es frisst Heu.
Es ist kein Hase, keine Kuh.
Man reitet darauf.

........................................

Was ist das?
Es ist sehr dünn.
Es saust durch die Luft.
Der Indianer benutzt es.

........................................

Was ist das?
Es kann laut tönen.
Man muss hineinblasen.
Man nimmt es in den Mund.

........................................

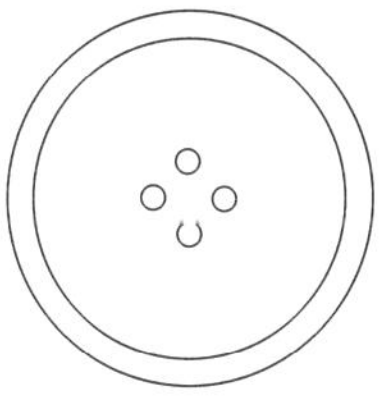

Was ist das?
Es fällt in den Brunnen.
Es kommt aus dem Hahn.
Es fällt aus den Wolken.

........................................

Was ist das?
Manchmal ist Suppe darin.
Manchmal ist Konfitüre darin.
Manchmal ist es leer.

........................................

Was ist das?
Es ist aus Wasser.
Es ist sehr warm.
Es kommt aus der Pfanne.

........................................

Was ist das?
Es ist rund.
In der Mitte sind Löcher.
Es hält etwas zusammen.

........................................

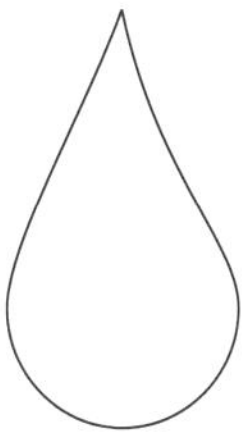

Was ist das?
Du kannst es essen.
Es ist knackig.
Es wächst am Baum.

........................................

Was ist das?
Du hast es.
Alle haben es.
Es sitzt auf dem Hals.

........................................

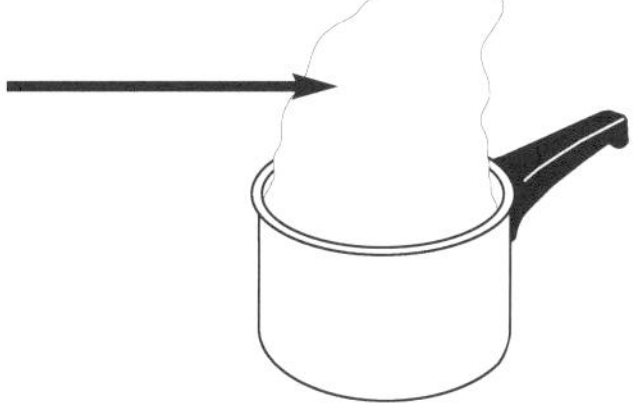

Übermale alle Qu und qu gelb. Schreibe die Wörter mit Qu oder qu unter das passende Bild.

Aus der Quelle sprudelt frisches Wasser.
In der Nähe hat Vera einen glitzernden Quarz gefunden.
Claudia und Jan suchen Quallen für ihr Aquarium.
So ein Quatsch, die gibt es doch nur im Meer!

Mama kocht aus Quitten eine feine Konfitüre.
Sie rührt mit einem Quirl im Kochtopf.
Und doch brennt die Konfitüre an.
Aus dem Kochtopf steigt dicker Qualm.

Am Abend spielen alle Kinder Quartett.
Nico spielt auf der Querflöte.
Papa sitzt im Sessel und malt rote Quadrate auf einen Zettel.

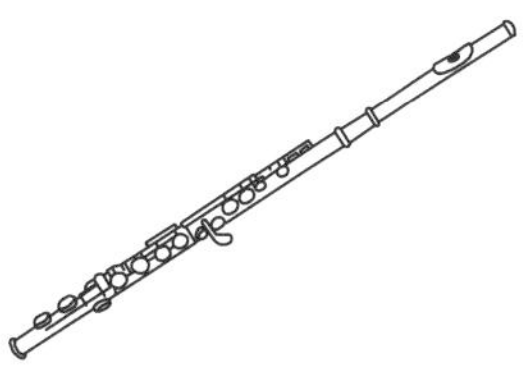

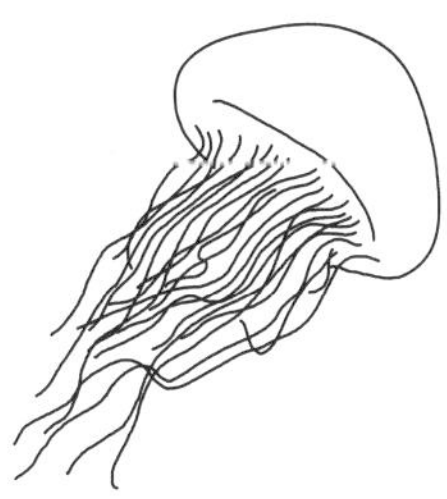

Verbinde die Wörter in jedem Oval in der richtigen Reihenfolge. Schreibe den Satz auf die Linien.

Alex
geht
in
den
Wald

A

Axt
nimmt
Er
mit
seine

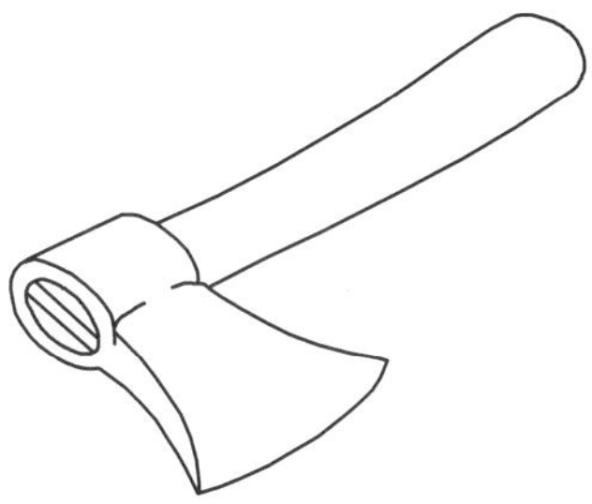

alten
Hexenhaus
kommt
zum
Er

Hexenhaus
Nixe
badet
eine
dem
Hinter

Schreibe die richtige Nummer zum Wort.
Male den Kreis in der passenden Farbe aus.

C gesprochen wie k: rot
C gesprochen wie s: blau
C gesprochen wie tsch: gelb
C gesprochen wie z: grau

| | | | | | |
|---|---|---|---|---|---|
| ☐ | City | ○ | ☐ | Marco | ○ |
| ☐ | CD | ○ | ☐ | Cockpit | ○ |
| ☐ | Cello | ○ | ☐ | Cowboy | ○ |
| ☐ | Collie | ○ | ☐ | Caroline | ○ |
| ☐ | Clown | ○ | ☐ | Coca Cola | ○ |
| ☐ | Comic | ○ | ☐ | Container | ○ |
| ☐ | Curry | ○ | ☐ | Computer | ○ |

1

2

3

4

5
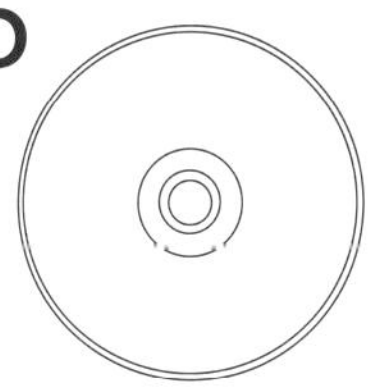

6

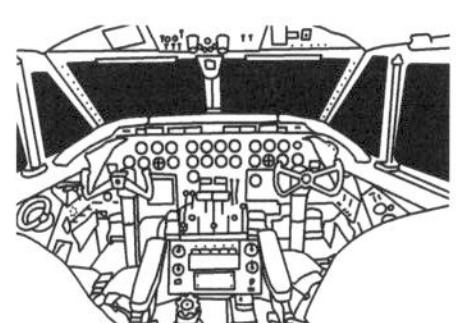
7

10
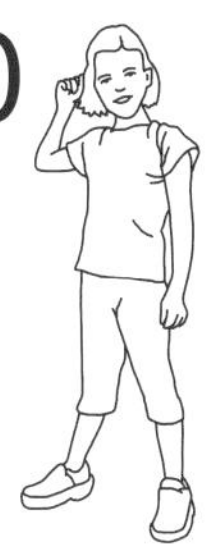

11

8

9
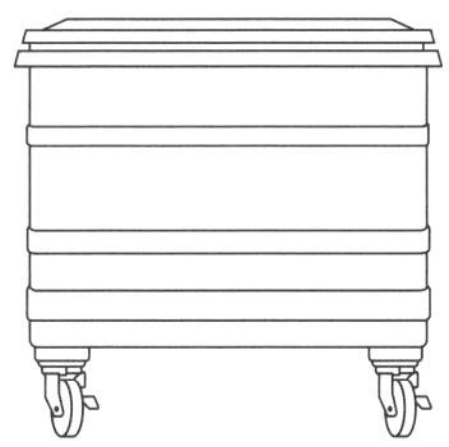

12

13

14

Vergleiche die Sätze mit dem Bild. Stimmen die Sätze oder nicht? Kreuze die passenden Felder an.

| | | |
|---|---|---|
| Das Bild hängt an der Wand. | stimmt | stimmt nicht |
| Das Auto steht neben dem Teppich. | stimmt | stimmt nicht |
| Der Ball liegt unter dem Sofa. | stimmt | stimmt nicht |
| Die Zipfelmütze liegt auf dem Stuhl. | stimmt | stimmt nicht |
| Die Wurst ist neben dem Teller. | stimmt | stimmt nicht |
| Der Kalender hängt an der Wand. | stimmt | stimmt nicht |
| Die Sonne scheint durch das Fenster. | stimmt | stimmt nicht |
| Die Puppe steht auf dem Sofa. | stimmt | stimmt nicht |
| Das Glas steht auf dem Tisch. | stimmt | stimmt nicht |
| Die Lokomotive steht hinter der Vase. | stimmt | stimmt nicht |
| Die Katze liegt zwischen dem Sofa. | stimmt | stimmt nicht |
| Das Sofa steht an der Wand. | stimmt | stimmt nicht |
| Die Blume steckt in der Vase. | stimmt | stimmt nicht |
| Der Teppich liegt unter dem Boden. | stimmt | stimmt nicht |
| Der Bleistift liegt auf dem Stuhl. | stimmt | stimmt nicht |
| Die Lampe hängt an der Stubendecke. | stimmt | stimmt nicht |
| Eine Gabel liegt neben dem Messer. | stimmt | stimmt nicht |
| Der Dackel guckt unter dem Tisch hervor. | stimmt | stimmt nicht |
| Der Regenschirm steht vor der Tür. | stimmt | stimmt nicht |
| Der Schraubenzieher liegt neben dem Teppich. | stimmt | stimmt nicht |

Male die Felder mit der richtigen Antwort aus.

Haben die Ameisen acht Beine?

Kann ein Esel auf einen Baum klettern?

Gibt es Fahrräder für zwei Personen?

Leben die Löwen in Afrika?

Fressen die Mäuse gerne Katzen?

Können Enten über den See fliegen?

Ist das Wasser im Meer salzig?

Gibt es in Indien grüne Elefanten?

Entscheide bei jedem Satz, ob er zum Bild passt. Kreuze die richtige Antwort an.

| | | |
|---|---|---|
| Der schwarze Rabe sitzt auf dem Kamin. | JA | NEIN |
| Zwei Hexen fliegen mit ihrem Besen durch die Luft. | JA | NEIN |
| Hänsel bricht einen Lebkuchenziegel vom Dach. | JA | NEIN |
| Eine Hexe hat einen Stock in der Hand. | JA | NEIN |
| In der Wiese stehen drei Fliegenpilze. | JA | NEIN |
| Am dicken Baumstamm ist ein Gesicht zu sehen. | JA | NEIN |
| Das Kind beim Zaun ist ein Zwerg. | JA | NEIN |
| In der Baumkrone sitzt ein alter Adler. | JA | NEIN |
| Aus dem Kamin auf dem Hexenhaus steigt Rauch auf. | JA | NEIN |
| Der Mond am Himmel ist noch lange nicht voll. | JA | NEIN |
| Vor dem Käfig liegen Knochen auf dem Boden. | JA | NEIN |
| Im Garten der Hexe wachsen giftige Bohnen. | JA | NEIN |
| Gretel trägt einen langen Rock und einen lustigen Hut. | JA | NEIN |
| Auf dem Dachgiebel sitzt eine Katze. | JA | NEIN |

Schneide die Kreisstücke von Blatt 40b aus und klebe sie in die passenden Felder.
Schneide die Kreise von Blatt 40b aus und klebe sie auf diesem Blatt in die passenden Kreise.

Hase
Fuchs
Reh

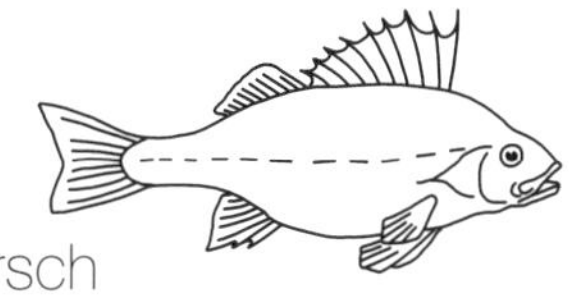

Barsch

Pudel
Mops
Dogge

Forelle
Hecht
Barsch

Fliege
Mücke
Wespe

Leopard
Löwe
Jaguar

Kuh
Schaf
Schwein

Koala
Eisbär
Braunbär

Laus
Zecke
Wanze

Fink
Spatz
Gimpel

Kröte
Unke
Molch

Flamingo
Ibis
Reiher

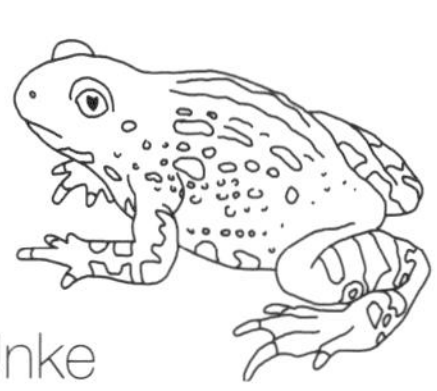

Unke

Ibis

Schneide die Kreisstücke aus und klebe sie in die passenden Felder von Blatt 40a.
Schneide die Kreise aus und klebe sie in die Mitte der passenden Kreise auf Blatt 40a.
Ein Kreisstück und ein Kreis bleiben übrig.

| | | | |
|---|---|---|---|
| Ziege | Storch | Meise | Hai |
| Floh | Igel | Dackel | Panda |
| Tiger | Biene | Frosch | Elefant |

| | | | |
|---|---|---|---|
| Singvögel | Bauern-hoftiere | Raub-katzen | Fische |
| Bären | Lurche | Falter | Waldtiere |
| lang-beinige Vögel | Insekten | Un-geziefer | Hunde |

Das ist doch ein wunderschönes Haus! Allerdings fehlt daran noch einiges.
Auch die Umgebung ist sehr leer. Zeichne, was unten beschrieben ist.

Das Doppelfenster neben der Tür hat Vorhänge.

Aus dem Fenster mit dem Rundbogen guckt ein Mädchen.

Das kleine Fenster neben der Tür ist ganz schwarz.

Der Klingelknopf ist knallrot.

Auf dem Dachgiebel steht ein Kamin.

Das Garagentor hat einen Griff zum Öffnen.

Im Garten hängt eine Schaukel am Balken.

Im Teich schwimmen zwei Fische.

Hinter der Garage guckt ein Baum hervor.

Vor der Haustür liegt ein roter Ball.

Hinter dem Zaun blühen drei blaue Blumen.

Vor der Garage steht eine schwarze Katze.

Auf dem Balken der Schaukel sitzt ein brauner Vogel.

Zwei graue Wolken ziehen am Himmel vorbei.

Hinter den blauen Blumen ist ein hoher Berg.

Setze die Sätze richtig zusammen.
Schneide die Teile aus und klebe die passenden Satzhälften auf einem anderen Blatt aneinander.

| | |
|---|---|
| Die Kuh weidet | über Stock und Stein. |
| Die Ziege klettert | von Ast zu Ast. |
| Das Pferd galoppiert | vor dem Mauseloch. |
| Die Ente schwimmt | auf der grünen Wiese. |
| Die Katze lauert | auf den Felsen herum. |
| Der Affe schwingt sich | auf dem See umher. |

# 43



Schreibe die Antworten in die Felder. Verwende nur GROSSBUCHSTABEN.

### → Waagrecht:

1 Mit diesem runden Ding spielen die Kinder gerne.
3 Da drin schläfst du vielleicht in den Ferien.
6 Damit kannst du mit dem Onkel in Amerika sprechen.
8 Das brauchst du, wenn du mit einem Boot über den See fahren willst.
9 Durch diese Tür geht sogar ein Riese.
10 Das ist ein stacheliges Tier.
13 Dieses graue Tier frisst gerne Disteln.

### ↓ Senkrecht:

1 Mit diesem Fahrzeug fahren viele Leute durch die Stadt.
2 Wenn du froh bist, singt du ein …
3 Das ist ein kleines Männchen.
4 Diese Zahl liegt zwischen 10 und 12.
5 Bei rassiger Musik machen viele Leute gern einen …
6 Er steht oft auf einem hohen Berg.
7 Damit klebst du Dinge fest.
8 Das ist eine wunderschöne Blume mit Dornen.
11 Das ist gefrorenes Wasser.
12 Hier stehen zwei gleiche Buchstaben untereinander.

Schreibe die Lösungswörter in die Felder. Verwende nur GROSSBUCHSTABEN.
Verbinde das Lösungswort mit dem passenden Bild.

Diese Raubkatze hat schwarze Streifen.

Dieser Singvogel ist ganz schwarz.

Dieser Vogel jagt in der Nacht Mäuse.

Dieses kleine Tier stellt Honig her.

Dieses Tier hat einen langen Rüssel.

---

Dieses kleine Tier baut Haufen im Wald.

Das ist ein Hund mit kurzen Beinen.

Dieses Tier kann weit spucken.

Dieses Tier ruft laut I-A.

Aus diesem Tier wird ein Schmetterling.

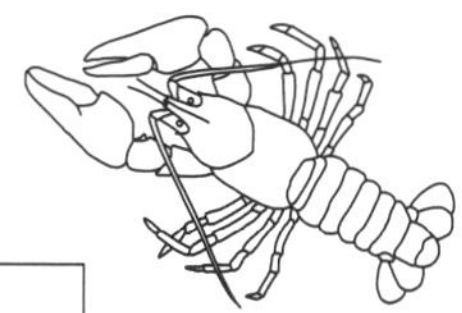

---

Das ist der Katzenvater.

Das ist ein schwarzer Vogel.

Dieser Vogel jagt in der Nacht.

Dieses Tier hat einen flachen Schwanz.

Dieses Tier grunzt laut im Stall.

---

Dieser Vogel lebt am Südpol.

Dieses Tier quakt im Teich.

Dieser Vogel lebt auf dem Wasser.

Dieses scheue Tier lebt im Wald.

Dieses Tier hat seine Höhle im Wald.

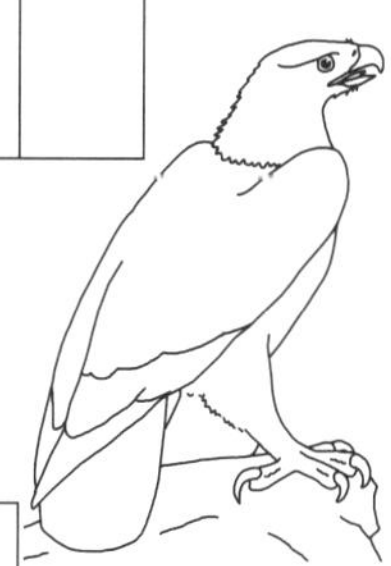